Anorexia Nervosa: Focal Psychodynamic Psychotherapy

神经性厌食症的焦点心理动力学治疗

［德］汉斯-克里斯托夫·弗里德里希 Hans-Christoph Friederich ｜著
［德］贝亚特·维尔德 Beate Wild
［德］斯特凡·齐普费尔 Stephan Zipfel
［德］亨宁·绍恩堡 Henning Schauenburg
［德］沃尔夫冈·赫尔佐克 Wolfgang Herzog

陈 珏　蒋文晖　张 磊　魏耀辉 ｜译

上海科学技术出版社

图书在版编目（CIP）数据

神经性厌食症的焦点心理动力学治疗 /（德）汉斯-克里斯托夫·弗里德里希等著；陈珏等译. -- 上海：上海科学技术出版社，2025.9. -- ISBN 978-7-5478-7351-9

Ⅰ. R749.920.5

中国国家版本馆CIP数据核字第2025PV7731号

Original title: Anorexia nervosa: Fokale psychodynamische Psychotherapie by Hans-Christoph Friederich, Beate Wild, Stephan Zipfel, Henning Schauenburg, and Wolfgang Herzog
© 2014 by Hogrefe Verlag GmbH & Co. KG; www.hogrefe.com
English version: Anorexia Nervosa: Focal Psychodynamic Psychotherapy by Hans-Christoph Friederich, Beate Wild, Stephan Zipfel, Henning Schauenburg, and Wolfgang Herzog
© 2019 by Hogrefe Publishing; www.hogrefe.com

上海市版权局著作权合同登记号 图字：09-2024-0331号

神经性厌食症的焦点心理动力学治疗

著：[德] 汉斯-克里斯托夫·弗里德里希 Hans-Christoph Friederich
　　[德] 贝亚特·维尔德 Beate Wild
　　[德] 斯特凡·齐普费尔 Stephan Zipfel
　　[德] 亨宁·绍恩堡 Henning Schauenburg
　　[德] 沃尔夫冈·赫尔佐克 Wolfgang Herzog
译：陈珏　蒋文晖　张磊　魏耀辉

上海世纪出版（集团）有限公司 出版、发行
上海科学技术出版社
（上海市闵行区号景路159弄A座9F-10F）
邮政编码201101　www.sstp.cn
徐州绪权印刷有限公司印刷
开本 890×1240　1/32　印张 5.75
字数 110千字
2025年9月第1版　2025年9月第1次印刷
ISBN 978-7-5478-7351-9/R·3365
定价：78.00元

本书如有缺页、错装或坏损等严重质量问题，请向印刷厂联系调换

推荐语

  本书从神经性厌食症患者需要照顾、控制、依赖这三个代表性的核心冲突，以及关系模式、结构水平等关键动力学评估维度中，精准提炼出治疗焦点，为动力学治疗师提供了一套兼具多维深度与实操性的方案。这套方案既能深入理解和评估患者的内心世界，又能围绕焦点目标展开针对性的治疗。这实在是一本不可多得的好书！

张海音

中国心理卫生协会精神分析专业委员会第三届主任委员

  本书清晰介绍了神经性厌食症的诊断标准，从心理动力学理论视角阐释了其病因，并系统讲解了具有可操作性的治疗方法。书中呈现的具体案例与治疗过程，能引领读者真正走进神经性厌食症患者的内心世界。这不仅是对治疗技术的展现，更是对生命本身的理解与关怀。感谢四位译者的辛勤付出。

贾晓明

北京理工大学教育学院教授

中国心理学会临床心理学注册工作委员会主任委员

  本书扎根于神经性厌食症的心理治疗循证研究，结合精神分析取向疗法对这一疾病进行了深度思考，是一部将理论、实务、经验、研究融为一体的临床实践佳作。特此推荐给对神经性厌食症治疗工作感兴趣的精神科医生、心理治疗师、心理咨询师、社会工作者阅读。

徐钧
中国心理卫生协会精神分析专业委员会常务委员

食物过剩、审美偏差及成长环境的影响,以及媒体对"瘦即为美"的过度追捧,使得进食障碍近年来呈高发态势。同时,很多人以节食、控制体重来彰显个性,并作为反控制、对抗权威、成为自己的途径。神经性厌食症这种在高度心理控制下发展出来的疾病,在青春后期失控时容易倒向另一面,即神经性贪食症和暴食障碍。无论是哪种类型的进食障碍,都急需引起社会的关注和了解,从而实现早期预防和干预。阅读这本进食障碍领域具有国际教科书水准的作品,相信对从业者、对父母、对相关人士认识并理解疾病大有裨益。

施琪嘉
华中科技大学同济医学院教授
湖北省心理卫生协会理事长,中国心理学会首批注册心理督导师

在精神分析发展早期,癔症给了弗洛伊德无数的灵感。但受限于时代,他直到去世都始终未能揭开比癔症更复杂的精神疾病(如神经性厌食症等)的动力学发病机制。历经百余年的积淀,这门学问以《癔症研究》为起点,已攀登至本书所代表的高度。它宛如一座丰碑,镌刻着精神领域医者在疗愈之路上追求的理想境界:那些在你和"他"的旧关系中滋生的困境,终将在你与"我"的新联结里获得化解。

曾奇峰
精神科医生

内容提要

神经性厌食症是以体重过低、对体形或体重感知失调为核心特征的一类慢性难治性精神障碍，其发病率逐年攀升，也是导致青少年或年轻女性死亡的最常见原因之一。

本书是第一部基于大型循证研究成果支持的焦点心理动力学治疗手册，适用于在门诊治疗的神经性厌食症患者。本书首先概述了神经性厌食症的定义、诊断和病理机制，随后详述了焦点心理动力学治疗的三阶段方案及其实证研究结果。书中提供了包含操作性心理动力学诊断在内的大量实用技巧、临床要点、干预示例、案例分析及相关营养指南，读者能从中学习如何对患者进行体重管理，识别并治疗情感体验与情感区分、冲动控制、自我价值调节、身体感知等领域的典型自我结构损害，从而为患者带来心身的持久改变。

本书结构清晰，实操性强，适合精神科医生、心理治疗师、心理咨询师、社会工作者等相关从业者阅读与参考。

译 者

陈 珏　蒋文晖　张 磊　魏耀辉

作者简介

汉斯-克里斯托夫·弗里德里希 Hans-Christoph Friederich
医学博士，德国杜塞尔多夫大学心身医学与心理治疗系主任；主要研究进食障碍的神经生物学和心理治疗。

贝亚特·维尔德 Beate Wild
哲学博士，资深科学家；主要研究进食障碍、老年精神并发症和统计学方法。

斯特凡·齐普费尔 Stephan Zipfel
医学博士，德国图宾根大学医学院心身医学与心理治疗系主任；主要研究进食障碍、心理肿瘤学、躯体症状障碍及医学教育。

亨宁·绍恩堡 Henning Schauenburg
医学博士，精神障碍心理治疗与心理治疗过程研究领域的资深医生和科学家。

沃尔夫冈·赫尔佐克 Wolfgang Herzog
医学博士，德国海德堡大学附属医院普通内科与心身医学科主任；主要研究进食障碍、躯体症状障碍和医疗保健。

作者名单

汉斯-克里斯托夫·弗里德里希 Hans-Christoph Friederich
杜塞尔多夫大学心身医学与心理治疗系
Psychosomatic Medicine and Psychotherapy, University Düsseldorf
Moorenstr. 5, 40225 Düsseldorf, Germany
hcfriederich@online.de

贝亚特·维尔德 Beate Wild
海德堡大学附属医院普通内科与心身医学科
General Internal Medicine and Psychosomatics, University Hospital Heidelberg
Im Neuenheimer Feld 410, 69120 Heidelberg, Germany
beate.wild@med.uni-heidelberg.de

斯特凡·齐普费尔 Stephan Zipfel
图宾根大学医学院心身医学与心理治疗系
Psychosomatic Medicine and Psychotherapy, University Hospital Tübingen
Osianderstraße 5, 72076 Tübingen, Germany
stephan.zipfel@med.uni-tuebingen.de

亨宁·绍恩堡 Henning Schauenburg
海德堡大学附属医院普通内科与心身医学科
General Internal Medicine and Psychosomatics, University Hospital Heidelberg
Thibautstr. 2, 69115 Heidelberg, Germany
henning.schauenburg@med.uni-heidelberg.de

沃尔夫冈·赫尔佐克 Wolfgang Herzog
海德堡大学附属医院普通内科与心身医学科
General Internal Medicine and Psychosomatics, University Hospital Heidelberg
Im Neuenheimer Feld 410, 69120 Heidelberg, Germany
wolfgang.herzog@med.uni-heidelberg.de

米里亚姆·科莫-朗 Miriam Komo-Lang
海德堡大学附属医院普通内科与心身医学科
General Internal Medicine and Psychosomatics, University Hospital Heidelberg
Thibautstr. 2, 69115 Heidelberg, Germany
miriam.komo@med.uni-heidelberg.de

桑德拉·席尔德 Sandra Schild
图宾根大学医学院心身医学与心理治疗系
Psychosomatic Medicine and Psychotherapy, University Hospital Tübingen
Osianderstraße 5, 72076 Tübingen, Germany
Sandra.schild@med.uni-tuebingen.de

中文版序

重回丰润

吃，天生本能。正常饮食是人活着的首要条件。

是怎样的原因，可以让食欲正旺的豆蔻少女节食减肥，甚至极致虐己而死呢？神经性厌食症是也！

临床上，神经性厌食症被视为严重的心理行为障碍，若不及时给予恰当治疗，会严重影响患者的身心发育，不仅导致女性闭经等严重并发症，更会如本书所述："自初次诊断后的前14年里，神经性厌食症死亡率达到5.9%，是导致11～25岁年轻女性死亡的最常见原因之一。"

对神经性厌食症的治疗，药物主要是对症治疗，缓解伴发的抑郁、电解质紊乱等症状，心理治疗则几乎是治愈这类患者的唯一路径。临床上通常是多种心理治疗方法整合运用，针对不同的起病原因、不同的发育阶段，主导的治疗方法略有不同，包括心理动力学治疗、认知行为治疗、家庭治疗等。其中，正如本书循证研究多中心、随机对照的ANTOP结果所示，心理动力学治疗远期疗效最佳，助益患者心身发育，对人格成熟的作用最为有力且持久。这与心理动力学治疗擅长对因治疗，注重人格重塑和成长陪伴不无关系。

本书是针对专业医务人员用于治疗神经性厌食症的心理动力学治疗手册，是德国久负盛名的几所大学的心身医学和心理治疗机构的一批资深教授集多年一线临床实践和循证研究成果而成。全书简洁明了却深在有据，既有系统理论的介绍，也有详细治疗操作流程的展示，以及针对疗效开展科学、严谨、长程的循证研究结果的呈现。对神经性厌食症的形成和变化，本书理论分析明晰，治疗过程叙述详略得当，提炼精到。具体病案报告翔实，治疗建议很有针对性，是同类书中难得一见的佳品。研读时，每每看到作者的叮咛、提醒，似一个个临床"锦囊"释出。细品，常常会心莞尔。

他山之石，可以攻玉。感谢陈珏教授倾力组织翻译工作。本书中文版的问世，无疑为国内同道治疗神经性厌食症提供了更多借鉴。这也是陈珏教授带领的上海市精神卫生中心临床心理科开展国际合作的又一力作。这里，已成为国内神经性厌食症最好的综合治疗中心之一。

每个身体都需要呵护，每个生命都值得珍惜。愿所有神经性厌食症患者都可以得到及时、有效的诊治，让身心重回丰润，享受美丽青春，怒放生命之花。

是为序。

肖泽萍

中国心理卫生协会精神分析专业委员会首任主任委员

上海交通大学医学院附属精神卫生中心终身教授

乙巳年立秋于沪

英文版序

"我并未感到痛苦,故自视为康健。"

"尽管困苦重重,但她不仅对康复无所渴望,且对现状颇感自得。"

(Lasègue, 1873/1997, p. 495)

我们对于神经性厌食症这一心理疾病的复杂本质与内在矛盾的诸多理解,皆源于查尔斯·拉塞格(Charles Lasègue)细致入微的观察。基于这番观察,他向医界同仁发出了严正的告诫:

"医者若误识此疾之危厉,轻视之为一时兴之所至,妄图药以攻之,言以劝之,甚者威以慑之,终为谬误,徒劳无功。"(Lasègue, 1873/1997, p. 493)

换句话说,绝不应将神经性厌食症误认为是一个可以轻易恢复的暂时状况。

150年后的今天,拉塞格当年之言依然切中要害,神经性厌食症至今依旧是一种治疗起来极具挑战的疾病。神经性厌食症的心理治疗难度很大,因为多因素交汇,创造了一场心身的"完美风暴"。患者自身往往表现得沉默寡言,甚至神色平淡如水,从外在表现中,人们很难捕捉到其内心的真实感受。大多数情况下,神经性厌食症患者会固守着自己的症状,弱化或轻描淡写其病情的严重性，或者无视对自己生命的直接威胁，并且对于治疗非常矛盾。相比之下，可以理解的是，家属们往往会强烈地表达他们的担忧；在绝望中，家属们可能会在贿赂患者和威胁患者之间无助地摇摆不定。临床医生自身也可能会感到不知所措、惶恐不安，或者在不同的感受和行动方案之间左右为难。

本书是有史以来第一部针对神经性厌食症的基于循证的心理动力学治疗手册。其撰写团队汇集了短程心理动力学治疗领域、神经性厌食症的临床管理领域及心理生物学研究领域的顶尖专家。基于这些作者丰富的临床专业知识和研究专长，他们对心理动力学治疗方法做了精心调整，以便更好地满足神经性厌食症患者这一特殊群体的独特需求和特点。

针对神经性厌食症门诊治疗的多中心随机对照研究——神经性厌食症门诊治疗（Anorexia Nervosa Treatment of Outpatients, ANTOP），已经证实了本书介绍的手册化的、以疾病为中心的治疗方法的有效性。并且，通过ANTOP这一迄今为止同类型研究中规模最大的研究，我们也发现此治疗方法极易为患者所接受。我们祝贺作者们完成了这本既创新又基于实证的治疗手册，它已成为极其有帮助的临床和研究资料。

本书主要面向具有心理动力学治疗取向的治疗师。对于采取其他治疗方法的治疗师，它同样是一个宝贵的辅助工具，有助于洞察这一极具破坏性疾病的独有特征与内在矛盾性。通过本书，大家可以深入了解神经性厌食症患者的先占观念、焦虑及复杂的内心世界，而这是理解其特有心理病理学、构建稳固治疗关系的关键基础。为了在具体案例中确定治疗的主要焦点，治疗的起点是一次详细的初始访谈，该访谈依据操作性心理动力学诊断系统进行。治疗过程围绕特定的治疗焦点展开，结合了特定的治疗立场，并结构化为三个阶段。本书通过案例片段和干预策略的例证，以及治疗师与患者互动的对话，详细阐述了这些治疗阶段。本书是一份极好的资源，能够拓宽治疗师对疾病关键特征的理解，并规范其在相关情境下的行为表现。为了处理神经性厌食症营养方面的问题，附录也纳入了一份饮食营养指南。

除了来自大型 ANTOP 研究的证据支持了这种治疗方法的有效性，十家来自德国的大型进食障碍诊疗中心的治疗师对书中的治疗方法也进行了测试，足以证明其适用性。我们希望，这次对德文原著的英文翻译，能使本书的治疗方法惠及更广泛的读者，从而为神经性厌食症患者提供更多的门诊治疗选择。另外，我们也期待这本书能成为未来心理治疗研究的一大助力。

综上所述，我们有诸多令人信服的理由来选择该治疗方法。祝愿本书能在心理治疗师与研究人员中得到广泛传播和深入应用。

乌尔丽克·施密特 Ulrike Schmidt
英国伦敦国王学院精神病学、心理学与神经科学研究所
心理医学系主任、进食障碍研究教授

2018 年 12 月

参考文献

Lasègue, E.-C. (1873/1997). On hysterical anorexia (a). *Obesity Research*, 5, 492–497.

译者前言

2014年夏天，我第一次走进德国海德堡大学附属医院的心身医学科大楼时，心中充满敬意。那是一种身处传统之中的安静和震撼——一代又一代的心身医学大家曾在这里留下足迹，将身体与心理交汇处的复杂性细细编织成现代心身医学的基础。在这栋楼里，我有幸遇见了本书的第一作者，也是我访学期间的导师——汉斯-克里斯托夫·弗里德里希（Hans-Christoph Friederich）教授。

弗里德里希教授是当代德国最杰出的心身医学医师之一，现担任海德堡大学附属医院普通内科和心身医学科主任，也是德国心身医学学会的现任主席、海德堡心理治疗学院主席。他曾在英国伦敦国王学院等地深造与交流，在跨文化的训练背景中，将德国严谨的医学传统与心理治疗的探索精神融为一体。作为进食障碍领域的专家，弗里德里希教授始终关注神经性厌食症这一"心身交界"上最具挑战的病种，并以心理动力学的视角建立起一整套结构化的干预体系。

心理动力学疗法长期以来在进食障碍治疗体系中处于"理解有余、操作不足"的尴尬位置。与认知行为治疗（cognitive behavioral therapy, CBT）和家庭治疗（family therapy, FT）相比，它更强调个体内在冲突、依恋关系、自体调节与象征层面的意义建构。然而，也正因为其高度个体化，在面对结构复杂、治疗动机薄弱、病情易于慢性化的神经性厌食症时，动力学方法显得尤为重要。患者症状的固着、防御和回避，乃至某种程度的"认同"，往往难以用单一的行为技术来撼动；必须通过长期、细致、充满共情的动力探索，那道被"瘦"捆绑的心理防线才会逐步松动。

本书正是在这样的理念基础上发展而来，它是弗里德里希教授与合作者多年临床积累与系统研究的结晶。书中所呈现的，是一种结合了心理动力学理论与操作性诊断系统（如 OPD 系统）、具备高度结构化路径的治疗方法。这套"焦点心理动力学治疗"模式，最早在德国国家教育研究部资助下进行研究与推广，并在德国十家大型医院、超过 200 名患者参与的 ANTOP 研究中获得了实证验证。ANTOP 研究也因此成为进食障碍治疗领域中规模最大的心理治疗随机对照研究之一，极大地推动了心理动力学治疗在这一病种中的"循证地位"。

相较于以往较为松散的、经验性强的动力学干预方式，本书提供了一套清晰、系统且高度实用的治疗路径。全书围绕"治疗焦点"的设定展开，强调在早期访谈中通过 OPD 系统（操作性心理动力学诊断）识别核心冲突或结构问题，并将其转化为贯穿治疗过程的核心议题。治疗分为三个阶段：建立关系与共同目标的初始阶段，处理冲突、深化理解的中期阶段，以及结束与整合的后期阶段。书中不仅提供了丰富的案例与对话片段，呈现治疗师与患者之间真实而细腻的互动，也纳入了营养指导、动力学干预策略、临床挑战与应对技巧，使得这本手册兼具理论深度与实践操作性，是一本真正意义上"可被使用"的治疗指南。

在我国，进食障碍是精神医学的一个新兴领域，而心理动力学治疗的临床培训体系也尚未建立起足够的深度与广度。我们在实践中发现，越来越多的临床治疗师开始意识到：仅靠技术手册或行为纠正远远不够，我们需要一套能触及"关系—认同—冲突—自主性"等深层主题的工作方式。

而本书的翻译出版，恰逢其时。对有一定动力学背景的治疗师而言，它是深化实操技能的工具书；而对于以 CBT 或系统式治疗为主的临床人员来说，它也提供了一个理解患者"症状背后的语言"的全新视角。同时，本书也为国内逐渐兴起的进食障碍研究提供了一个循证的心理动力学框架，有助于未来跨治疗学派的整合与发展。

再次翻开弗里德里希教授领衔撰写的这本著作并决定翻译、分享给我国同道，已是我在海德堡访学之后的第十个年头。那段时间的学习和交流，对我理解"什么是心身医学"产生了深远的影响。心与身的联系不只是一个理论命题，更是日复一日、在真实个体中发生的临床实践。而进食障碍，正是这条路径上最复杂的地带。很高兴，今天我们能有幸将本书介绍给我国读者，希望它能成为国内临床医生、护士、心理治疗师、社会工作者、康复治疗师及研究者手中的工具书，从而能为其开启一扇深入理解患者的大门。

我要特别感谢上海市精神卫生中心心身科的首任学科带头人肖泽萍教授。她早在 2011 年就从德国引进并组织我们翻译《操作化心理动力学诊断和治疗手册》(OPD-2)，为我们今天翻译本书奠定了坚实的基础。感谢蒋文晖主任在我院乃至全国推进 OPD 的教学培训工作与治疗实践。在本书的翻译过程中，她与我并肩合作，倾情投入翻译、校对，保证了本书和 OPD 的一致性。同时感谢魏耀辉医师和张磊治疗师对翻译工作的认真投入与专业贡献。感谢上海科学技术出版社的大力支持和帮助，促成了本书的顺利出版。也感谢中华医学会心身医学分会进食障碍协作学组、中华医学会精神医学分会进食障碍研究协作组对本书出版、推广给予的大力支持。

愿所有面对神经性厌食症的临床工作者，能从本书中获得力量、耐心、勇气与信心。

愿所有的神经性厌食症患者，能获得更多的理解、支持与关怀，早日挣脱"金色牢笼"，自由展翅高飞。

陈珏
上海市精神卫生中心临床心理科主任，进食障碍诊治中心负责人
中华医学会心身医学分会进食障碍协作学组组长

2025 年 8 月于上海

英文版前言

神经性厌食症不同于任何其他慢性疾病，它在观察者身上引发的反应多种多样，从"对患者的同情共鸣，到好奇和惊讶，乃至钦佩"（Habermas, 1994, p. 14）。

限制性进食和自我诱导的极端低体重，是神经性厌食症最显著的特征。从心理动力学的角度观察，人们可以看到患者试图稳固他们脆弱的自我价值感、身份认同感和自主性，其关键功能在于克服强烈的"饥饿感"，并拒绝满足其他基本需求。这中间还涉及对自我独特性和例外性的感受。患者被迫争取独立所造成的自我破坏性后果，是越来越严重的低体重状态，这与社交孤立和丧失积极的人际接触有关，可能会导致早逝。这一系列动力学本身就令人不安，并且反过来还会加剧患者的厌食症状。神经性厌食症相关的限制性进食行为不仅受体质因素（如遗传、表观遗传、内分泌等）的影响，同时也受社会文化因素的影响。

神经性厌食症的治疗被认为极具挑战性，主要原因在于让患者接受并坚持预定的治疗设置非常困难。这主要是由于患者对自身症状的强烈固着（常混合着对疾病的部分否认），它伴随着明显的回避行为、对自主性的极端需求，以及症状中强烈的主观满足。因此，每个神经性厌食症治疗计划的基本初始目标，就是说服患者参与治疗过程。鉴于慢性体重过低加上心理生理适应过程可能导致厌食症状的持续化，最好在疾病的早期阶段就开始治疗，因为这关系到治疗能否成功。

美国精神病学协会（American Psychiatric Association, APA, 2006）、德国医学联合学会（Association of the Medical Societies in Germany, AWMF, 2011）和英国国家卫生与临床优化研究所（UK National Institute for Health and Care Excellence, NICE, 2017）发布的各国进食障碍治疗指南，均建议身体状况稳定且不共病严重躯体疾病或心理疾病的患者应主要接受门诊心理治疗。最近，对这种门诊心理治疗效果的系统分析得到了加强验证。2006—2013年，德国持续推进心理治疗网络建设，并由德国国家教育与研究部提供资金支持；在此期间，研究人员对门诊心理动力学治疗神经性厌食症的疗效进行了深入、细致的研究。在一项大规模多中心随机对照试验［即神经性厌食症门诊治疗（ANTOP）］研究中，收集到的来自二次分析的证据表明，在1年的随访内，一种经过手册化定制的心理动力学方法可能优于常规治疗方法（即传统治疗）（见6.2 ANTOP研究）。

神经性厌食症表现出一系列自相矛盾的行为：既追求理想的自主性，又渴望安全感；既内心充斥着不安与惶惑，又选择"遗世独立"般的孤绝；既囤积食物，又忍饥挨饿。这些难题构成了神经性厌食症的迷人之处，也是治疗这一疾病的挑战部分。本书旨在助力人们细致体悟神经性厌食症患者内心体验世界中存在的差异；同时，我们还对适应特定疾病的心理动力学干预和治疗立场提出了一些建议。我们的建议尤其聚焦于治疗行为的全部技能，以扩大读者对神经性厌食症患者治疗的能力范围。

在完成本书的过程中，众多患者及其家庭成员与我们的同事显示出对我们研究的兴趣，也对此做出了贡献。在此，我们深表感激。特别需要感谢的是：来自莫兹利小组（英国伦敦国王学院精神病学研究所）的格劳瑟（C. Growther）、艾斯勒（I. Eisler）和施密特（U. Schmidt）的工作；由赫佩茨（S. Herpertz）负责的德国进食障碍指南工作组成员的工作，更具体地说，由齐克（A. Zeeck）负责的神经性厌食症指南工作组的工作；以及参与 ANTOP 研究的治疗师们在工作坊中为本书提供的宝贵意见；还有凯赫勒（H. Kächele）、桑德霍尔茨（A. Sandholz）和格兰德（T. Grande）作为督导师，在针对神经性厌食症患者的心理动力学治疗方面分享的丰富经验。

  本书的德文版原著于 2014 年 4 月首次出版。鉴于国际社会对发表在《柳叶刀》（Lancet）杂志上的里程碑式的 ANTOP 研究（Zipfel et al., 2014）表现出的浓厚兴趣，我们决定推出英文版。英文版是对德文版的全面修订，并且整合了迄今为止 ANTOP 研究发表的所有研究成果。

汉斯-克里斯托夫·弗里德里希 Hans-Christoph Friederich
贝亚特·维尔德 Beate Wild
斯特凡·齐普费尔 Stephan Zipfel
亨宁·绍恩堡 Henning Schauenburg
沃尔夫冈·赫尔佐克 Wolfgang Herzog

2018 年 12 月

目 录

1. **神经性厌食症概述**   1
   - 1.1 概述   1
   - 1.2 定义   2
   - 1.3 流行病学与社会人口学   7
   - 1.4 易感因素   8
   - 1.5 病程和预后   9
   - 1.6 鉴别诊断   10
     - 1.6.1 心理学相关疾病鉴别诊断   11
     - 1.6.2 医学相关疾病鉴别诊断   12
   - 1.7 共病   13
   - 1.8 诊断工具   14

2. **理论与模型**   18
   - 2.1 心理动力学理解   18
     - 2.1.1 内在心理动力学   18
     - 2.1.2 人际动力学   21
   - 2.2 认知行为理论模型   24
   - 2.3 家庭动力学   25
   - 2.4 社会文化学   26
   - 2.5 生物学   26

3. **诊断**   29
   - 3.1 操作性心理动力学诊断   29
     - 3.1.1 轴Ⅰ：疾病体验和治疗前提   30

3.1.2　轴Ⅱ：人际关系　　　　　　　　　　　　30
 　　3.1.3　轴Ⅲ：冲突　　　　　　　　　　　　　　30
 　　3.1.4　轴Ⅳ：结构　　　　　　　　　　　　　　31
 3.2　初始访谈和确定治疗焦点　　　　　　　　　　　31
 3.3　神经性厌食症的操作性心理动力学诊断　　　　33
 　　3.3.1　关系模式　　　　　　　　　　　　　　　33
 　　3.3.2　冲突的主题　　　　　　　　　　　　　　35
 　　3.3.3　结构损害　　　　　　　　　　　　　　　38
 3.4　对焦点的治疗性处理　　　　　　　　　　　　　39

4. 治疗　　　　　　　　　　　　　　　　　　　　　42
 4.1　治疗设置　　　　　　　　　　　　　　　　　　42
 4.2　治疗框架　　　　　　　　　　　　　　　　　　42
 　　4.2.1　体重管理　　　　　　　　　　　　　　　43
 4.3　治疗的基本原则　　　　　　　　　　　　　　　45
 　　4.3.1　心理动力学治疗的基本特征　　　　　　　45
 　　4.3.2　移情与反移情动力学的处理　　　　　　　46
 　　4.3.3　对体像的处理　　　　　　　　　　　　　47
 　　4.3.4　将家庭纳入进来　　　　　　　　　　　　49
 4.4　治疗设置和初始阶段　　　　　　　　　　　　　54
 　　4.4.1　诊断、治疗联盟及治疗焦点的确定　　　　54
 　　4.4.2　基本治疗立场　　　　　　　　　　　　　55
 　　4.4.3　对治疗联盟进行工作　　　　　　　　　　57
 　　4.4.4　揭示支持神经性厌食症的信念　　　　　　61
 　　4.4.5　聚焦自尊问题和抑郁体验　　　　　　　　63
 　　4.4.6　对初始阶段的调整　　　　　　　　　　　66
 4.5　治疗中期（处理治疗焦点）　　　　　　　　　　67
 　　4.5.1　基本的治疗立场　　　　　　　　　　　　67
 　　4.5.2　聚焦于情感–情绪体验　　　　　　　　　68
 　　4.5.3　关系焦点方面的其他工作　　　　　　　　72
 　　4.5.4　结构整合的水平　　　　　　　　　　　　75

4.6　结束阶段　　　　　　　　　　　　　　　　　　　83
　　　　4.6.1　基本治疗立场　　　　　　　　　　　　　　84
　　　　4.6.2　稳固新技能　　　　　　　　　　　　　　　85
　　　　4.6.3　将新技能应用于日常生活　　　　　　　　86
　　　　4.6.4　预测复发　　　　　　　　　　　　　　　　86
　　　　4.6.5　症状的持续　　　　　　　　　　　　　　　87
　　　　4.6.6　随访照护　　　　　　　　　　　　　　　　88
　　4.7　程序性挑战　　　　　　　　　　　　　　　　　　91
　　　　4.7.1　强烈的矛盾　　　　　　　　　　　　　　　91
　　　　4.7.2　设定体重目标（当患者无法设定目标时）　91
　　　　4.7.3　当患者不放弃厌食行为（即使负面后果升级）时　92
　　　　4.7.4　治疗中的体重降低，尤其是对于体重操纵　92
　　　　4.7.5　新出现的贪食行为　　　　　　　　　　　92
　　　　4.7.6　自伤行为　　　　　　　　　　　　　　　　93
　　　　4.7.7　医疗并发症（如脱水）　　　　　　　　　93
　　　　4.7.8　他人的干涉（如家人）　　　　　　　　　93
　　　　4.7.9　处理住院指征　　　　　　　　　　　　　　93
　　　　4.7.10　过度耐力运动　　　　　　　　　　　　　94
　　4.8　辅助治疗　　　　　　　　　　　　　　　　　　　94
　　　　4.8.1　精神科药物辅助治疗　　　　　　　　　　94
　　　　4.8.2　辅助摄入高热量膳食补充剂　　　　　　　95

5. 案例　　　　　　　　　　　　　　　　　　　　　　　　96

6. 疗效　　　　　　　　　　　　　　　　　　　　　　　114
　　6.1　研究背景　　　　　　　　　　　　　　　　　　114
　　6.2　ANTOP 研究　　　　　　　　　　　　　　　　　117
　　　　6.2.1　研究设计和参与者　　　　　　　　　　　117
　　　　6.2.2　体重增加与康复　　　　　　　　　　　　119
　　　　6.2.3　结局预测因素　　　　　　　　　　　　　121
　　　　6.2.4　治疗过程和治疗结果　　　　　　　　　　122

	6.2.5　疾病成本与成本效益分析	125
	6.2.6　小结	126

7. 参考文献　　　　　　　　　　　　　　　　　　　　　128

8. 附录：工具和资源　　　　　　　　　　　　　　　　　139
　　附录 1　神经性厌食症患者营养指南　　　　　　　　139
　　附录 2　体重曲线　　　　　　　　　　　　　　　　149

1. 神经性厌食症概述

1.1 概述

1873年，法国医生埃内斯特-查尔斯·拉塞格（Ernest-Charles Lasègue）[首次使用"癔性厌食"（anorexia hysterica）一词]与英国医生威廉·格尔（William Gull）[首次使用"神经性厌食症"（anorexia nervosa）一词]分别发表了病例研究，这些研究共同构成了对神经性厌食症的首次详细阐述（Gull, 1873; Lasègue, 1873/1997）。两位作者均强调了神经性厌食症的心理根源，以及患者缺乏对疾病的内省力和对治疗的依从性。因此，神经性厌食症成了第一个被明确定义的进食障碍类型。更早之前，即从12世纪起，就有记录显示存在出于宗教动机的极端禁食行为，那时已有对"禁食圣人"案例的描述。

当前对"神经性厌食症"这一术语（意为"因紧张状态引起的食欲丧失"）的使用实际上有误导之嫌，因为这些患者并非真的缺乏食欲。相反，暴食/清除型神经性厌食症患者会出现反复的过度进食发作，这与暴食症患者的表现相似。更确切地说，对体重增加和可能由此带来的身

1873年，神经性厌食症被首次描述。

体形象变化的极度恐惧，是该疾病的突出症状。德裔美国精神分析治疗师希尔德·布鲁赫（Hilde Bruch）认为患者对体重增加的恐惧是持续禁食的主要动机，这一点在她的著作《金色牢笼：厌食症的心理成因与治疗》（*The Golden Cage: The Enigma of Anorexia Nervosa*）（Bruch, 1978）中有所阐述。布鲁赫的这本书不仅帮助医生和治疗师，也帮助普通大众认识并理解了这种疾病。

1.2 定义

世界卫生组织（World Health Organization, WHO, 1992）的《国际精神与行为障碍分类》（第十次修订本）（*International Classification of Mental and Behavioral Disorders*, tenth revision, ICD-10）第 VF 章和美国精神病学协会（APA, 2013）的《精神障碍诊断与统计手册》（第五版）（*Diagnostic and Statistical Manual of Mental Disorders*, fifth edition, DSM-5）的诊断标准，除少数描述外，两者对于神经性厌食症的定义基本上是一致的（见表1）。2018 年 6 月 18 日，WHO 发布了 ICD-11 修订实施阶段的稳定版本（WHO, 2018），并于 2022 年发布了最终版本。

> 神经性厌食症的核心症状包括体重过低、对体形的感知失调，以及对体重增加的恐惧。

两大分类系统将神经性厌食症的核心特征定义为体重过低、对体形的感知失调，以及对体重增加的恐惧。此外，DSM-5 和 ICD-11 明确区分了两种不同的神经性厌食症亚型：限制型和暴食/清除型。

表1　ICD-10 和 DSM-5 中神经性厌食症的诊断标准

DSM-5	ICD-10 (F50.0)
A. 相对于需求而言，在年龄、性别、发育轨迹及身体健康的背景下，限制能量摄入导致了显著的低体重。显著的低体重被界定为低于正常体重的最低值或低于儿童和青少年的最低预期值。	A. 体重至少维持在预期体重的85%以下（无论是体重已降低至此，还是从未达到预期体重），或Quetelet's体重指数（body-mass index, BMI）为17.5 kg/m^{2}或更低（针对16岁及以上）。处于青春期前的患者可能表现为在生长发育期内体重增长未能达到预期标准。
B. 即使明显体重过低，患者仍然存在对体重增加或变胖的强烈恐惧，或持续采取妨碍体重增加的行为。	B. 体重减轻由自己造成，包括拒食"发胖食物"，以及采取以下一种或多种方式： • 自我催吐。 • 自我诱导的清除。 • 过度运动。 • 服用食欲抑制剂和（或）利尿剂。
C. 患者存在对自己体重或体形的体验障碍，体重或体形对自我评价产生了不当影响，或者持续地缺乏对目前体重过低的严重性的认识。	C. 存在特定精神病理形式的体像扭曲，表现为持续存在一种害怕体重增加的无法抗拒的超价观念，患者强加给自己一个低于正常范围的体重阈值。
	D. 包括下丘脑-垂体-性腺轴的广泛内分泌障碍：在女性中表现为闭经；在男性中表现为性欲减退和阳痿。（一个明显的例外是，当患有神经性厌食症的女性接受激素替代治疗，如常见的口服避孕药时，可能会出现持续的阴道流血。）还可能出现以下情况：生长激素和皮质醇水平升高，甲状腺激素的外周代谢改变，以及胰岛素分泌异常。

(续表)

DSM-5	ICD-10（F50.0）
	E. 如果疾病在青春期前开始，青春期的发育将会减慢甚至停滞（生长停止，女孩的乳房不发育，并出现原发性闭经；男孩的生殖器将保持幼稚状态）。随着病情的恢复，青春期多可正常度过，但月经初潮会延迟。
编码备注：ICD-9临床修订版对神经性厌食症的编码是307.1，不论亚型如何，都使用此编码。ICD-10临床修订版对神经性厌食症的编码则取决于亚型（见下文）。 **标注是否是：** **F50.01限制型：**在过去的3个月内，个体没有出现反复的暴食或清除行为（即自我催吐或者滥用泻药、利尿剂或灌肠剂）。这一亚型下体重减轻的临床表现主要是通过节食、禁食和（或）过度锻炼来实现的。 **F50.02暴食/清除型：**在过去的3个月内，个体出现了反复的暴食或清除行为（即自我催吐或者滥用泻药、利尿剂或灌肠剂）。 **标注如果是：** **部分缓解：**在满足以上神经性厌食症的所有诊断标准之后，持续一段时间不再满足诊断标准A（低体重），但仍满足诊断标准B（对体重增加或变胖的强烈恐惧，或有妨碍体重增加的行为）或诊断标准C（对体重或体形的自我感知障碍）。	

（续表）

DSM-5	ICD-10（F50.0）

完全缓解：在满足以上神经性厌食症的所有诊断标准之后，持续一段时间不再满足任何诊断标准。
 	
标注目前的严重程度：
对成人来说，严重程度的最低水平是基于目前的BMI（如下）来判断的，对于儿童和青少年，则是基于BMI百分比。以下是来自世界卫生组织的成人消瘦程度的范围；儿童和青少年则应参照相应的BMI百分比。可根据临床症状、功能障碍的程度和治疗需求的紧迫性，调高严重程度的评估等级。
  轻度：BMI ≥ 17 kg/m^2
  中度：BMI 16～16.99 kg/m^2
  重度：BMI 15～15.99 kg/m^2
  极重度：BMI < 15 kg/m^2	

注：经允许引自《精神障碍诊断与统计手册》（第五版）(DSM-5; pp. 338-339)，版权所有 © 2013 美国精神病学协会；《精神与行为障碍的ICD-10分类：临床描述和诊断指南》(*The ICD-10 Classification of Mental and Behavioural Disorders: Clinical Descriptions and Diagnostic Guidelines*; pp. 138-139)，版权所有 © 世界卫生组织。简体中文翻译版权所有 © 上海科学技术出版社有限公司。

限制型患者主要表现为极端限制进食行为；而暴食/清除型患者则表现为暴食发作，同时主动采取减轻体重的措施（如自我催吐或滥用泻药、利尿剂）。这两种亚型的效度尚未被确定，因为患者经常在两种模式之间转换。尤其是在病发初期的3年内，人们可以观察到从限制型转为

> 神经性厌食症分为限制型和暴食/清除型，两种亚型的定义有效性尚不清楚。

清除型的现象。考虑到这个动力学，DSM-5 对主要症状纳入了"过去 3 个月"的时间框架，以便更好地区分这些亚型。

与 ICD-10（WHO, 1992）相比，ICD-11（WHO, 2018）对成人和儿童及青少年的体重诊断标准有所更新。ICD-10 将神经性厌食症的体重标准确定为成人 BMI $\leq$ 17.5 kg/m^2，儿童及青少年体重需低于同龄人 10 个年龄百分位数；而 ICD-11 则将成人的体重标准调整为 BMI $\leq$ 18.5 kg/m^2。DSM-5 则取消了"低于最低预期体重 85%"的旧标准（DSM-IV），改为"低于最低正常体重"（APA, 2013）。因此，DSM-5 和 ICD-11 的这一修改将使得更多成人患者被纳入诊断范围。

在 ICD-10 中出现了神经性厌食症的进一步分类标准，该标准强调了患者可能遇到的内分泌障碍，包括女性患者的闭经和男性患者的性欲丧失或阳痿。但在临床实践中，闭经这一标准往往很难判断，因为年轻女性可能在月经初潮前就开始使用避孕药，而较年长的女性处于绝经后状态，都可能与闭经混淆。鉴于此，在 DSM-5 和 ICD-11 中，专家建议去除这一判断标准。然而，需要指出的是，与月经正常的患者相比，存在闭经的神经性厌食症患者的骨密度更低，发生骨质疏松症的风险更高。

DSM-5（见表 1）中的一个重要改变是取消了 DSM-IV 修订版中关于"患者有意拒绝维持最低体重"的描述（APA, 2009）。这种描述既不符合处于否认病情阶段的患者，也不适用于那些有动机参加治疗，但努力后体重仍未增加的患者。由于受到患者极度低体重的严重程度和持续时间的影响，生理和心理过程之间开始出现功能失调的相互作用，这会日益阻碍体重的增加并使厌食行为维持下去。因此，DSM-5 和 ICD-11 将重点放在了患者受限的能量摄入上，而没有暗示这是一种有意识或自愿的行为。此外，很多患者在他们的报告中否认对体重增加有任何恐惧或害怕，因此将"对体重增加的恐惧"这一标准扩展到包括任何为了维持低体重而实施的行为，而不考虑患者的情感动机。

鉴于低体重的严重程度与患者预后密切相关，所以两大分类系统也对此进行了明确说明。DSM-5 中细分了四个从轻度到极重度的类别（见表1）；而 ICD-11 中只建议区分明显低体重（$14.0 \text{ kg/m}^2 \leqslant \text{BMI} \leqslant 18.5 \text{ kg/m}^2$）与危险的低体重（$\text{BMI} < 14.0 \text{ kg/m}^2$）。然而，在评估个体疾病的严重程度时，还应考虑临床症状的严重程度和功能障碍的程度。

最后，在满足所有的诊断标准后，DSM-5 的标准还考虑了部分缓解和完全缓解的定义（见表1）。

1.3 流行病学与社会人口学

神经性厌食症的患病率在女性中约为 0.9%，在男性中约为 0.3%（Smink, van Hoeken, & Hoek, 2012）。但在慢性病例和接受治疗的患者群体中，女性与男性的比例大约为 10:1，表明神经性厌食症的患病人群以女性为主。关于社会文化因素（如对苗条身材的热衷和节食热潮）是否导致了神经性厌食症患病率的上升，专家意见并不一致。基于 DSM-IV 对神经性厌食症定义的最新研究，该疾病的患病率随时间基本保持稳定（Currin et al., 2005; Smink et al., 2012）。此外，神经性厌食症并非仅见于东西方的工业化国家，在发展中国家也可发现（Eddy, Hennessey, & Thompson-Brenner, 2007）。

通常，神经性厌食症始发于青春期，包括青春期晚期，最常见的发病年龄范围是 11～25 岁（Hudson et al., 2007）。因此，相较于其他类型的进食障碍（如神经性贪食症和暴食症），神经性厌食症的发病年龄更为集中，而前两者的发病年龄通常更大一些。

1.4 易感因素

神经性厌食症发病的主要风险因素是女性、年龄介于 11～25 岁（Jacobi et al., 2004）。横断面研究发现，参与高审美标准的体育活动（如体操、芭蕾或舞蹈）、耐力运动（如田径、铁人三项）或有体重级别要求的运动（如拳击或摔跤），无论是业余的还是专业的运动员，都被界定为风险群体。前瞻性研究也表明，对自己身体不满意或过度追求瘦身的年轻女性具有更高的发展出进食障碍的风险（Culbert, Racine, & Klump, 2015）。迄今为止，尚无明确证据显示神经性厌食症发病率普遍呈上升趋势（Peñas-Lledó et al., 2015）。

人格结构方面，纵向研究表明，情绪不稳定、负面情绪占主导（神经质）和低自尊是神经性厌食症发生的风险因素（Bulik et al., 2006; Cervera et al., 2003）。回顾性评估发现存在焦虑或强迫型人格特质的发病前聚类现象（Cassin & Ranson, 2005; Lilenfeld et al., 2006），在神经性厌食症患者中也可观察到不安全的依恋（Jewell et al., 2016）。近期，社会情绪加工困难、情绪调节困难（Caglar-Nazali et al., 2014）和以认知僵化为特征的认知风格（Wu et al., 2014），已被证明是神经性厌食症的潜在风险因素。

此外，有证据表明，早产儿和经历围产期并发症的个体发展出神经性厌食症的风险增加（Cnattingius et al., 1999; Favaro, Tenconi, & Santonastaso, 2006），但这种联系背后的生物学机制尚不明确。而且，婴幼儿期和童年期不稳定的进食行为（如喂养障碍）和消化系统问题，也会增加日后发展出神经性厌食症的风险（Kotler et al., 2001）。

> 神经性厌食症最常见的病前性格是焦虑-回避型、强迫型和神经质型特质。

1.5　病程和预后

神经性厌食症慢性化的比例较高，在接受治疗的情况下，疾病的中位病程是5～6年（Berkam, Lohr, & Bulik, 2007; Herzog, Schellberg, & Deter, 1997）。然而，与神经性厌食症预后相关的证据仅限于那些寻求治疗的特定人群。迄今为止，尚无关于神经性厌食症自然病程的可靠数据。斯堪的纳维亚半岛国家（即北欧国家）的基于人群的调查发现，近一半的神经性厌食症病例未被国家健康系统登记下来（Keski-Rahkonen et al., 2007）。这些未被正式登记的、据称病情较轻的病例，5 年后的自发缓解率约为 67%。总体来说，在临床样本中，约有 50% 的患者能完全康复，约 30% 的患者部分康复，约 20% 的患者会发展为伴有严重身心并发症的慢性神经性厌食症（Löwe et al., 2001; Steinhausen, 2002）。在儿童和青少年时期接受治疗的患者的预后明显好于成年期才首次接受治疗的患者（Brockmeyer, Friederich, & Schmidt, 2017）。这些发现凸显了早期治疗是康复的重要预后因素。

目前，神经性厌食症是导致 11～25 岁年轻女性死亡的最常见原因之一。自初次诊断后的前 14 年里，标准化死亡率达到 5.9%（Arcelus et al., 2011），这一死亡率约是同年龄、同性别健康人群死亡率的 6 倍，比其他精神障碍（分别是精神分裂症和抑郁症）死亡率高约 2 倍或 3 倍。除了医疗并发症外，自杀占死亡人数的 20%。

1.6 鉴别诊断

神经性厌食症的核心症状是严重的体重过低。从这个角度来看，任何涉及显著体重下降的疾病都可能成为一个潜在的鉴别诊断。在接下来的部分，我们将更详细地讨论潜在的心理学和医学相关疾病的鉴别诊断。

1.6.1 心理学相关疾病鉴别诊断

抑郁障碍

抑郁发作常伴随食欲改变，通常伴有体重下降。此外，抑郁发作还存在快感缺失、情绪低落、精力下降等核心症状。相比之下，神经性厌食症所特有的如"害怕体重增加"等症状在抑郁障碍中不明显或较轻微。

> 神经性厌食症最常见的鉴别诊断是抑郁症的食欲减退。

焦虑障碍和强迫性障碍

体重减少也可能与焦虑障碍或强迫性障碍同时发生。患者可能因害怕窒息、呕吐或摄入受污染食物而减少食物摄入量。这类情况下，很难确定神经性厌食症的鉴别诊断，因为神经性厌食症常常共病焦虑障碍和强迫性障碍。

偏执型精神分裂症

偶尔，偏执型精神分裂症患者会产生被毒害的妄想，在这些案例中，患者也会极度减少食物摄入。当出现明显的妄想症状时，鉴别诊断通常是直截了当的。

胃肠道的躯体症状障碍

患有肠易激综合征的人可能因极度疼痛而减少食物摄入。驱使这种综合征患者减少食物摄入的动机，很容易与神经性厌食症患者的动机区分开来。然而，有很重要的一点需要指出的是，慢性神经性厌食症患者经常会体验到类似肠易激综合征的不适感。通常，神经性厌食症患者报告其厌食行为在肠易激症状出现前几年就开始了（Perkins et al., 2005）。

1.6.2 医学相关疾病鉴别诊断

> 医学筛查主要用于评估疾病的医学风险，而非鉴别诊断。

厌食症的诊断主要依靠诊断性访谈，多数情况下无须进行详尽的躯体情况筛查。要点框 1 中所示的躯体诊断标准主要用于区分神经性厌食症的严重程度，并在医学上监测患者因显著低体重而带来的影响，而不是用于发现其他隐藏的医学疾病（Zipfel et al., 2015）。

> **要点框 1　关于医学诊断方法的建议**
>
> - 体格检查：测量体重、身高、血压、脉搏、体温。
> - 血液分析：全血细胞计数，检测钠、钾、镁、磷酸盐、肌酸激酶、肌酐、尿素、淀粉酶、促甲状腺激素、肝酶。另外，也要进行尿液分析。
> - 仪器检查：心电图是基本检查，对闭经超过 2 年的患者需进行骨密度测量；特殊情况下还可能需要胸部 X 线检查、腹部超声检查、胃镜检查、脑磁共振成像检查或脑电图检查。

要点框 2 中概括总结了神经性厌食症需鉴别的医学相关疾病。

> **要点框 2** 医学相关疾病鉴别诊断
>
> - 内分泌原因（如甲状腺功能亢进）。
> - 吸收不良综合征（如乳糜泻）。
> - 慢性炎症性肠病（如克罗恩病）。
> - 胃肠道的肿瘤和狭窄。
> - 感染所致恶病质。
> - 肿瘤所致恶病质。

1.7 共病

神经性厌食症常常共病其他精神障碍，尤其是包括强迫性障碍（60%～83%）在内的焦虑障碍和抑郁障碍（31%～89%）（Godart et al., 2002; Godart et al., 2007; Kaye et al., 2004）。通常，必须要考虑到的是，当患者体重恢复时，抑郁障碍和强迫性障碍的症状会有所改善。相反，厌食症状可能会掩盖焦虑障碍或创伤后应激障碍，这些障碍的症状在体重增加后才首次显现出来。焦虑障碍通常比抑郁发作更常出现于神经性厌食症之前（超过 50% 的病例），且焦虑障碍的发生似乎与神经性厌食症的病程阶段无关（Agras et al., 2004; Godart et al., 2002）。

此外，神经性厌食症患者与人格障碍的共病率很高（Cassin & Ranson, 2005; Lilenfeld et al., 2006）。在限制型神经性厌食症中，共病 C 类人格障碍（包括焦虑-回避型、

神经性厌食症常共病抑郁障碍和焦虑障碍。

焦虑障碍常出现在神经性厌食症之前，且已证实与神经性厌食症的病程阶段无关。

强迫型和依赖型）更为常见。另一个经常被观察到的特征是追求完美主义和避免犯错。避免犯错与强迫型人格的表现高度相关（Egan, Wade, & Shafran, 2011）。在其他人格特质上，通过"气质性格量表"（Temperament and Character Inventory）（Cloninger, Svrakic, & Przybeck, 1993）进行评估，神经性厌食症患者在"躲避伤害性和坚持有恒性"条目上得分较高，而在"探求新奇性"条目上得分较低（Cassin & Ranson, 2005）。

尽管有大量的研究，但许多问题的答案仍不明确。例如，尚不清楚共病的障碍是神经性厌食症的原因还是结果，或者甚至可能是由一种共同的潜在诱因导致的结果。研究表明，心理疾病的共病不仅影响神经性厌食症的治疗效果，而且对预后也有影响。在疾病进程中，共病的障碍与神经性厌食症之间存在相互作用，治疗时应充分认识并考虑到这一点。

1.8 诊断工具

神经性厌食症通常一眼就可以判断出来。然而，在某些情况下，患者会试图通过穿特别宽松或多层衣服来掩盖他们异常低的体重。通过测量体重，可以对体重过低进行量化。需要注意的是，神经性厌食症患者可能会试图通过饮用大量液体或在衣服下和口袋里加重物来操控他们的体重。

当患者体重异常低、怀疑神经性厌食症诊断的情况下，可通过结构化临床访谈中关于附加核心诊断标准的集中提问来进行验证，如使用配套 DSM-5 的结构化临床访谈（Structured Clinical Interview for DSM-5 Disorders, SCID）（First et al., 2016）。这种结构化访谈的特殊价值在于它能系统性地指示共病情况。但它也存在局限性，即只能指示经典系统中登记的心理现象的有限范围。

对于扩展的特定疾病的诊断性访谈，目前已开发出了指南，用于评估在治疗计划阶段有意义的额外特定疾病的信息。

> 为了明确诊断，可以进行针对进食障碍的诊断性访谈。

其中最广泛使用的专家访谈是进食障碍检查（Eating Disorder Examination, EDE）（Fairburn & Cooper, 1987），这是一种国际通用的专家访谈。该结构化访谈聚焦于进食障碍的特定心理病理学，量表涉及饮食限制、进食顾虑，以及体重和体形顾虑。它使用 14 个附加的诊断条目，结合当前的 DSM 诊断标准，可以对神经性厌食症、神经性贪食症和暴食症进行区分。最新的访谈内容已根据 DSM-5 的诊断标准进行了更新，相关资料可在牛津进食障碍研究中心（Centre for Research on Eating Disorders at Oxford, CREDO）的网站上找到（http://www.credo-oxford.com/）。

此外，确定进食障碍的诊断工具还包括自评问卷，问卷数量众多，无法在这里逐一介绍，这里将简要介绍两种在临床实践中被证明有效的问卷。进食障碍检查自评问卷（Eating Disorder Examination-Questionnaire, EDE-Q）（Fairburn & Beglin, 2008）是上文提到的结构化专家访谈

> 有许多针对进食障碍的自评工具。

EDE 的问卷版本。与 EDE 相似，EDE-Q 通过四个子量表评估进食行为，包括饮食限制、进食顾虑、体重顾虑和体形顾虑。增加的其他附加条目包括记录暴食发作、自我引吐，以及滥用利尿剂或泻药。

进食障碍调查量表（Eating Disorder Inventory, EDI）（Garner, Olmstead, & Polivy, 1983）聚焦神经性厌食症和神经性贪食症中最常见的心理病理学问题。最新版 EDI-3（Garner, 2004）共有 91 个条目，涵盖了 12 个子量表：① 对瘦的追求；② 贪食；③ 对身体不满意；④ 低自尊；⑤ 个人疏离感；⑥ 人际关系不安全感；⑦ 人际疏离感；⑧ 内省缺陷；⑨ 情绪失调；⑩ 完美主义；⑪ 禁欲主义；⑫ 成熟恐惧。这些量表用来记录神经性厌食症的核心症状，包括对瘦的追求、贪食和对身体不满意（Garner, 2004）。

鉴别进食障碍的进一步诊断工具包括：美国精神病学协会（APA, 2006）发布的《进食障碍治疗实践指南》（第三版）(*Practice Guideline for the Treatment of Patients with Eating Disorders*)，以及英国国家卫生与临床优化研究所提出的针对神经性厌食症、神经性贪食症及相关进食障碍的治疗与管理的核心干预指南（NICE, 2017）。

在前述的诊断工具中，EDI-3 是最适用于评估与神经性厌食症心理动力学理解相吻合的疾病情况。与人际疏离感和不安全感、禁欲主义、成熟恐惧有关的子量表最能反映心理动力学的框架。然而，目前尚无心理动力学评估工具能够诊断或确定神经性厌食症的进展标志。

"操作性心理动力学诊断 OPD-2"（Operationalized

Psychodynamic Diagnosis Task Force, 2008）作为一套标准化的多轴心理动力学诊断系统，可以使心理动力学取向的治疗师勾勒出心理动力学治疗的焦点，我们推荐根据OPD-2指南进行初步访谈。关于这一过程的详细说明，可在"3.诊断"中找到。

2. 理论与模型

与其他精神障碍一样,神经性厌食症的发展与维持,是心理、社会文化、家庭、生物学因素错综复杂、交互作用的结果。目前还没有证据表明神经性厌食症仅由单一因素引起,或是只取决于典型的家庭系统因素或特定的遗传缺陷。

2.1 心理动力学理解

神经性厌食症的心理动力学理论采用了基本的精神分析概念(如驱力理论、客体关系理论、自我心理学及依恋理论),这些概念既关注心理内部,也关注人际关系。

2.1.1 内在心理动力学

从经典精神分析的角度来看,对于神经性厌食症,驱力理论的地位一直备受关注。驱力理论认为,神经性厌食症存在着性欲冲动向口欲冲动的转变;通过饥饿,性的愿望和身体/生殖器的性欲被升华、否认。与性成熟一致的身体变化（如第二性征或月经）也会被干扰或推迟。此外，神经性厌食症患者的关系中很少存在性关系。从父母家庭中独立出来的成长任务被推迟了——患者"让时间停止了"，并且成了一位"永恒的女儿"。在患者的潜意识幻想中，她因此一直是父母双方的"不可或缺的客体"。

自神经性厌食症在理论上开始被研究起，其相关研究就常常暗示了"前俄狄浦斯期的主题"（pre-oedipal theme）。托马（Thomae, 1963）强调了这种障碍中口欲期的独特重要性。神经性厌食症患者常描述其母亲是过度保护的、侵入性的、极度担忧的，或者是过分注重外表且对女儿的需求和愿望缺乏敏感性的。相比之下，她们常常把父亲描述为是疏远的、缺席的，以及事业上极度成功的，这推动了一种陷入困境的母女依恋，并且阻碍了女儿的自主性发展。这种父母形象的负性表征与负性自我形象的形成相关。神经性厌食症患者通过放弃自己对独立性的渴望来保持忠诚，并坚守那些隐匿于心底的父母要求（Bers et al., 2013）。

因此，基于早期在主要关系中体验到的不可靠性和由此产生的无助感，追求自主性成了患者的一个核心主题（Boris, 1984）。由此假设，基于患者的经验背景，其可能会在之后发展出对失去客体和失去自我（乃至总体失去控制）的恐惧。通常，在青春期和青少年早期，自我肯定（self-assertion）和从父母形象中分化出来，是最重要的发展任务之一。但对于神经性厌食症患者，其回避了去体验那种通过摆脱对主要父母形象（依赖）来检验自身独立性的有意义过程。这解释了在神经性厌食症患者身上常常可以观察到的过度适应行为。特别是那些在较长时间内行为被同化的孩子，其可能会将神经性厌食症视作一种在青春期逃避新的发展任务的不当手段，与此同时，这种障碍的力量也在这些孩子身上逐渐显现。

通过成功地控制饥饿和体重，自我肯定的效能感被弱化为一种内在心理的和人际的控制体验。这一过程涉及安娜·弗洛伊德（Anna Freud）所描述的"青春期禁欲主义"（adolescent asceticism）的防御机制（Midgley, 2013）。对一些人来说，有意识地放弃青春期的快乐是一种应对机制，可以应对这一特定年龄段的不确定性和发展任务。

从这个角度来看，我们就能更好地理解那些典型的触发情境，比如真实的或幻想的与父母分离（如毕业、参加学生交换项目、作为互惠生去工作、搬入第一套公寓），或由第一次性爱冒险或失望引发的特定年龄段的不确定性。在青春期，神经性厌食症患者所构建的概念性生活模式具有塑造身份认同的功能，它能给予患者情感上的安全性，并使其获得一种掌控感。

> 神经性厌食症的概念性生活模式是患者获得情感安全和掌控感的保证。

在治疗初期，患者会强烈否认饥饿的危害及其自我摧毁性作用。从疾病开始，自我摧毁的一个方面便显现出来了，这可以被理解为一种攻击性冲动的隐秘表达，或被理解为一种隐藏的欲望或贪婪的感受。这些冲动被体验为是禁忌的、具有威胁性的，因此它们被潜抑（repress）在自虐式自我惩罚的防御机制中。清除行为，尤其是自我催吐，被定义为患者要去抵消某事物的防御机制。患者用对自己身体的极度不满，来表达负性的自我感知和自我批评。

随着神经性厌食症的进展，其症状（诸如对食物的先占观念，加上对食物相关刺激的强烈关注）进一步发展，我们可以从饥饿生理的角度来理解这些症状。例如，在关注饥饿机制的试验过程中，在健康男性身上显示出了这些认知现象和行为（Keys et al., 1950）。此外，饥饿引起的神经生物学变化似乎促进了极度低体重的持续状态。

2.1.2 人际动力学

神经性厌食症患者的关系模式是以焦虑-回避型依恋为特征的（Ward et al., 2000）。焦虑型依恋与早期被拒绝的经历和主要父母照顾者控制的、疏远的互动方式相关（Bartholomew, Kwong, & Hart, 2001）。基于这些与重要照顾者的体验，内在表征的发展结合了消极的自体表征（不安全、自卑、依赖及无助）和消极的他人表征（批评性的、支配的、不关心的或过分关心的）。通过回避在关系中的亲密性，患者痛苦的早期记忆被潜抑了。为了避免感知到的具有威胁性的对他人的依赖，神经性厌食症患者建立了一种自主、自足的自恋理想（narcissistic ideals），如"我不需要任何人，我对独处很满足"（Brockmeyer et al., 2013）。这种表面的回避型关系模式和争取独立的斗争，虽然在很大程度上与自我价值的满足相关，但其代价是失去了积极的人际体验。就人类的基本需求而言，成功拒绝接受食物摄入，成了自恋性的独特感、卓越感和独立性的重要来源。通过神经性厌食症的概念性生活模式，患者使自己与家庭区分开来，同时用这种疾病来防止自己与父母家庭的物理分离。此外，患者往往通过自我牺牲式照顾他人，表达对他人的依赖。在极度的客体-丧失焦虑和追求自主性之间，神经性厌食症患者的概念性生活模式形成了一种功能失调的折中状态。

神经性厌食症患者避免人际冲突的应对方式和疏远的社交关系，与其有限的情绪加工能力有关，这种能力的欠缺阻碍了其对创伤性丧失情境的情绪加工（Brockmeyer et al., 2012）。此外，患者（特别是处于极端体重减少状态的患者）似乎只能有限地回忆起与情感相关的自传式记忆，包括冲突性的关系主题（Brockmeyer et al., 2013）。

要点框 3 和图 1 总结了厌食行为的典型内在心理和人际关系特点。

> **要点框 3** 厌食行为的典型内在心理和人际关系特点
>
> - 倾向于保持孤立、疏远的人际关系。虽然对受影响的双方来说是痛苦的，但这减少了直面自我价值问题的风险。
> - 需求被潜抑，因为需求被视为等同于失去自我控制。
> - 极度的体重减少和饥饿会减少人际感受，尤其是与异性的关系。这些症状会表达出情感和态度，而无须直接言明。体重增加意味着拥抱和接受生活及其发展任务，包括作为女性的角色。
> - 饥饿常常被体验为自我惩罚，被感知为作为一个"坏人"应受的惩罚，或是对无法满足的胃口和渴望食物的惩罚，或是对患者专注于体重和体形的惩罚。

- 神经性厌食症患者希望自己是独特且独立的,但又让自己一直是一个"孩子",而其营养不良和低体重则代表着他人不合格的照料行为。
- 厌食行为表达了对家庭、环境、治疗师等的潜意识控诉,通过这种控诉,患者得以将自身患病的责任归咎于外界因素,从而避免自我归咎。
- 进食障碍的作用是潜抑所有的抑郁情绪,而这种情绪会因社交隔离和内在心理过程的耗竭而加剧。

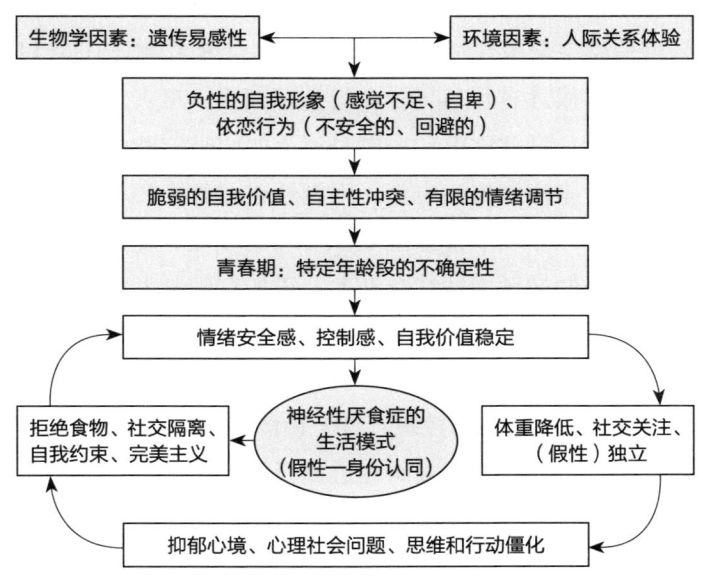

图1 对神经性厌食症及其维持因素的心理动力学理解

注:基于鲍里斯(Boris, 1984)、布鲁赫(Bruch, 1978)、米奇利(Midgley, 2013)及托梅(Thomae, 1963)的研究成果;假性-身份认同(pseudo-identity)。

2.2 认知行为理论模型

在认知行为治疗中，与进食、体形、体重有关的适应不良的想法和行为在神经性厌食症中起着关键作用。

认知行为治疗（cognitive behavior therapy, CBT）模型假设，与食物、体形、体重有关的功能失调信念，在神经性厌食症的发生和维持中起着核心作用（Garner & Bemis, 1982）。神经性厌食症患者过度担心自己的体重和体形，过度专注于控制体重。此外，认知模型还指出，患者的自我价值感完全由其对体重和体形的满意度来调节（"我只在瘦的时候才有价值"）。在行为层面上，患者试图通过严格节食、日常称重和控制身材（如穿特定款式的裤子或腰带）来控制这三方面。限制性进食行为及其导致的体重减轻，导致了大量生理和心理的变化，使神经性厌食症在恶性循环中持续存在着。正如在限制型神经性厌食症中所看到的，受限制的进食行为和摄入食物时日益增加的感受，加剧了患者对食物、体形和体重的选择性关注及由此而产生的控制。对于暴食/清除型神经性厌食症，这个动力学是由限制性进食行为引起的，这又会触发暴食及随后的补偿措施。暴食引起的增重恐惧反过来又加强了限制性进食行为的实施（Fairburn, 2008）。在行为治疗方面，有文献整合了心理动力学起源的领域，如自主性/个体化的发展、性的冲突，以及自我价值的问题（Fairburn, 2008）。

2.3 家庭动力学

由于青少年脱离家庭的过程是在家庭关系背景中发展起来的，所以整个家庭都会受到神经性厌食症的影响。从家庭动力学的视角来看，青春期和童年期迈向独立的过程，对家庭而言是一个关键转折阶段。青少年脱离家庭的过程，伴有矛盾心理、情绪起伏和迅速变化的需求，给家庭带来了诸多挑战。这一过程要求家庭成员理解，在最终面对青少年不在身边的情况时，每个家庭成员（以及家庭整体）将如何重新调整自身状态。孩子脱离过程的一个重要框架，是基于父母自己个人的脱离（或未脱离）经历——在这个背景下的经历包括父母自己的成功、失败、恐惧，以及他们对未来伴侣关系的看法。

> 青少年脱离任务的延迟，影响整个家庭系统。

将家庭成员纳入治疗的家庭会谈中是极其重要的，对年轻患者尤其重要（Herzog et al., 2000; NICE, 2017）。从家庭动力学的角度看，厌食行为是解决家庭内部人际冲突的一种功能失调性尝试（Selvini-Palazzoli, 1996）。通过神经性厌食症的临床表现，"青少年将自己与其家庭区分开来，但不必与家人分离"，同时"她反抗父母，但没有内疚感"，因为她生病了且在遭受痛苦（Reich, Cierpka, & Becker, 2010, p. 138）。在孩子与父母的关系中，身体成了一个沟通工具。

2.4　社会文化学

> 社会文化因素更多的是神经性厌食症的触发因素，而非病因。

在工业化国家肥胖率飞速上升的背景下，社会文化对女孩和年轻女性产生了相当大的压力，促使她们坚持追求美丽与苗条的理想状况，这是正常进食行为所无法满足的。在过去几十年里，选美比赛冠军体重不断减轻的记录、超模们的进食障碍问题，以及对"女性运动员三重症"（进食障碍、闭经和骨质疏松）的描述，表明出现了一种反映"苗条理想"的组合成分。

在过去 50 年间，神经性厌食症的发病率基本保持稳定。社会文化压力很可能在导致其他进食障碍（神经性贪食症、暴食症等）方面发挥了关键作用；然而，在神经性厌食症中，这些社会文化压力影响了疾病现象学的某些特定方面，而并未实际上导致疾病。由于缺乏自信，神经性厌食症患者常常通过使用社会比较来调整和稳定其自我价值（Troop et al., 2003）。在这样的比较中，外貌和体形成了焦点。

2.5　生物学

除了将神经性厌食症视作一种深受心理社会因素影响

的疾病外，对于特定神经生物学易感性的认识也在不断增加，这些易感性在很大程度上促进了神经性厌食症的发生与维持。

> 生物学因素同样与神经性厌食症的发展和维持相关。

双胞胎研究揭示了分子生物学在神经性厌食症发生中的重要性——同卵双胞胎患神经性厌食症的一致率高于异卵双胞胎。尽管在群体遗传学研究中，神经性厌食症的分子遗传易感性估计在48%～74%，但遗传相关的确切机制尚不清楚（Bulik, Kleiman, & Yilmaz, 2016）。到目前为止，规模最大的全基因组关联研究（纳入3 500名患者）在第12号染色体上发现了一个重要的基因位点，这一位点区域与代谢和自身免疫性疾病相关（Duncan et al., 2017）。神经性厌食症除了与代谢性状呈负相关外，在神经性厌食症与其他精神障碍之间还观察到了显著的遗传正相关性。这表明神经性厌食症不仅仅是一种精神障碍，也是一种代谢障碍（Duncan et al., 2017）。

在神经生物学视角下，神经性厌食症被定义为一种神经发育性障碍。神经性厌食症通常起病于青春期，这一阶段伴随着受激素变化影响的大脑集中成熟。神经生物学的研究已经证明了，边缘系统和额叶纹状体网络的改变在自我调节和动机中发挥着作用（Friederich et al., 2012; Friederich et al., 2013; Zastrow et al., 2009）。发展心理学的研究也表明，额叶纹状体和边缘系统随年龄增长而出现的成熟过程，与自我调节和动机因素的发展密切相关。此外，越来越多的证据表明，一旦疾病持续数年，神经生物学的进展会伴随着更糟糕的结果（Schmidt et al., 2016）。

关于多巴胺和血清素系统神经递质的研究支持了在

神经网络反应性中的变化，这些神经网络涉及自我调节控制（即转向强迫性行为和习惯性行为）和奖赏加工（Kaye, Fudge, & Paulus, 2009; Zipfel et al., 2015）。这些神经系统的变化与可能导致的认知-动机损害相关，例如，在思维和行为中的高度僵化，或在奖赏敏感性中的变化。

> 尚未明确所观察到的神经生物学变化是神经性厌食症的成因还是后果。

目前的研究仅针对神经性厌食症的急性病例或体重忽轻忽重的患者。因此，尚不清楚所观察到的神经递质变化是否具有病因学意义，或者这些变化是否仅出现在极低体重状态期间，作为长期体重过低的结果（瘢痕效应）。严重的体重不足会导致大脑体积萎缩20%，尤其是灰质体积的萎缩。随着体重的恢复，这种体积变化似乎在很大程度上是可逆的，尽管无法排除永久性神经损伤的可能（Friederich et al., 2012）。未来的研究需要采取前瞻性的方法，通过评估有发病风险的年轻女性，来验证这些生物学变化是否作为起病的特征性标志物而出现。

3. 诊断

当将短程焦点心理动力学治疗用于治疗神经性厌食症时，其基本概念是聚焦于处理一个特定的治疗主题（即"焦点"），这是以人际关系动力学的术语来描述的，不仅考虑核心冲突主题，还考虑个体结构上的弱点。这种焦点取向的治疗需要一个全面、精确的心理动力学诊断。这里推荐使用 OPD-2 的访谈指南（详见 3.1 操作性心理动力学诊断）。这种方法确保了患者精神障碍的核心心理动力学方面是治疗的主要焦点。从这个意义上来说，治疗"焦点"变成一种整合和行为管理的功能，构成治疗过程的基础。

3.1 操作性心理动力学诊断

操作性心理动力学诊断（operationalized psychodynamic diagnosis, OPD-2）（OPD Task Force, 2008）作为一个参考系统，用于对患者进行全面的、基于人格的诊断，该诊断包含四个轴，分别是：患者的疾病体验（轴Ⅰ）；典型的、适应不良的人际关系（轴Ⅱ）；生命中关键的、功能失调

> OPD-2 可用于指导治疗。

的冲突（轴Ⅲ）；在结构性心理自我功能中的资源和缺陷（轴Ⅳ）。

OPD 方法是心理动力学的。这意味着 OPD 考虑到被潜抑或防御的动机与感受，以及在当前治疗过程中早期关系体验的活现（移情与反移情）。这些方面是在自发的对话过程中搜集的，而对患者的探索遵循一个多轴方法的手册指南。

3.1.1 轴Ⅰ：疾病体验和治疗前提

关于轴Ⅰ，重要的是要注意患者对疾病是否有医学或心理社会方面的理解，其对治疗持有怎样先入为主的期望，可利用的资源有哪些，以及潜在的任何治疗阻碍。

3.1.2 轴Ⅱ：人际关系

在诊断患者的人际关系模式时，关注点应放在他们独特的互动方式上，不仅在患者与治疗师的接触中，也在患者的其他关系中。这是基于对以下互动的探索：患者如何调节自己的需求？患者的行为背后有怎样的期望？患者如何管理冲突？在这一分析过程中，起重要作用的是非言语的元素，以及患者观点与其互动对象（在本案例中，即访谈者）观点的对比。

3.1.3 轴Ⅲ：冲突

个人生活故事和人格结构的发展，塑造了个体特有的冲突倾向，其中包含了个体的经验和行为模式。这些模式包括：愿望、驱力、对未来的期望、假设及体验。如果这些模式决定了个体的生活且是功能不良的，那么在 OPD 中它们会被定义为"终身的冲突主题"（life-long conflict themes）。在此轴上应该确定个体的冲突动力学——例如，总体上患者与他人的亲密程度或疏远程度，在人际关系中对掌控感的重视程度，建立联结和获得安全感的潜力，或者与总体自我价值和个人身份认同相关的冲突情况。

3.1.4 轴Ⅳ：结构

个体的人格结构由两部分组成：在个人内部和人际层面上进行互动时表现出的相对稳定的能力模式及其不足。所谓的"自我功能"（ego functions），被纳入在个体人格结构的诊断中。这些自我功能包括：感知自我与他人的能力，反思内在过程的能力，以及对情感的感知、分配、调节、交流的能力。在 OPD 中，根据这些互动技能的质量和可用性，区分为不同的结构水平（高、中、低的结构整合或解体水平）。

3.2 初始访谈和确定治疗焦点

OPD 访谈的目的是识别患者症状性、适应不良的关系模式，决定生活的核心冲突主题，以及结构缺陷。通过遵循 OPD 指南进行的访谈，可以明确每位患者重要的心理动力学焦点。治疗的相关焦点是 OPD 诊断中确认的那些导致或维持疾病的特征。通常认为，只有当这些焦点的某些方面发生变化时，治疗才能取得进展。根据 OPD 标准，正确使用访谈指南和对患者进行临床评估，需要完成相应的培训研讨会。

为了理解治疗的核心焦点，以下是对访谈各部分的简要说明，可能会有所帮助。

临床锦囊　根据 OPD 指南进行诊断性访谈的要素

- 症状及其严重程度、持续时间、共病。
- 症状表现、疾病否认程度、主观痛苦，以及社会和个人资源。
- 区分核心的人际互动对象及其人际关系背后的模式：
  - 描述父母形象及其多年来的变化，与父母形象的核心冲突。
  - 重要的兄弟姐妹和同伴关系，个人在同伴群体中的角色。
  - 关系体验，对恋爱关系和友谊的恐惧与期望。
- 核心冲突主题：
  - 最常被体验到的是，需要照顾与自给自足、服从与控制、间歇性独立与依赖他人。
  - 应对脱离状况。
  - 应对丧失、死亡和疾病。
  - 应对攻击性和自我肯定。

- ○ 寻求帮助时的举止。
- 重要的结构特征：
  - ○ 自我感知、自我价值（你认为自己是一个怎样的人？你对自己有多欣赏？）。
  - ○ 客体感知（通过对重要照顾者的描绘，见前文）。
  - ○ 情感分化（对攻击性冲动和亲昵性冲动的体验，以及由此产生的紧张感，见前文）。

注：基于OPD工作组（OPD Task Force，2008）。

3.3 神经性厌食症的操作性心理动力学诊断

在接下来的章节中，我们将以一些例子来介绍神经性厌食症的典型关系模式、最常见的决定生活的冲突，以及最常见的结构焦点。在每个治疗计划中，应为治疗工作选择出特定的模式、冲突和焦点。在所做的选择中应包括核心关系主题和特别重要的结构性损害。在治疗的中期，确定一个焦点是特别有用的；治疗师应定期验证在治疗小节中是否正在处理已识别的焦点互动。

3.3.1 关系模式

在要点框4中，我们引用了患者的语句来描述一些关系动力学。

> **要点框 4** 根据 OPD-2 描述典型的关系动力学
>
> **描述 1**：我感觉自己被他人控制，却又被抛弃。我对这种感受的回应是，一方面关心和照顾他人的需求，另一方面是退出关系，并且通过控制进食和体重来显示出独立性。其他人认为我控制欲强和退缩。然后，他们对我做出的反应往往是既关心我，又试图控制我或与我保持距离。我有时感觉他们的行为是专横的，有时又感觉是被抛弃的。
>
> **描述 2**：神经性厌食症帮助我在自己和他人之间建立了一个边界，但不必让自己与他人分离。这对我来说至关重要，因为我觉得他人特别专横，同时我又非常害怕会失去他们。因此，我用自己的消瘦来表达我对关爱的需要。然而，当有人关爱我时，我的反应是感到内疚并倾向于退缩。
>
> 在上述两种情况下，如果他人加强了对患者的照顾，这会对患者产生更大的压力。与此同时，他人的反应可能是感到自责，这会进一步加重患者的内疚感和自我贬低。
>
> 注：经允许引自 *Fokale psychodynamische Psychotherapie der Anorexia nervosa* [Focal psychodynamic psychotherapy of anorexia nervosa], by H. Schauenburg, H.-C. Friederich, B. Wild, S. Zipfel, and W. Herzog, 2009, *Psychotherapeut*, 54(4), pp. 272-273，版权所有 © 2009 施普林格医学出版社（Springer Medizin Verlag）。简体中文翻译版版权所有 © 上海科学技术出版社有限公司。

3.3.2 冲突的主题

常见的核心冲突主题是：需要照顾与自给自足，服从与控制，以及独立与依赖。最后一个主题往往与结构性限制有关（OPD Task Force, 2008）。

接下来的案例片段阐述了主要的冲突主题：需要照顾与自给自足的冲突（案例片段1）、服从与控制的冲突（案例片段2），以及独立与依赖的冲突（案例片段3）。这些案例经过简化，以凸显其背后的现象学冲突。

> **案例片段1**
> **"好女儿"：需要照顾与自给自足的冲突，一种混合但主动的模式**
>
> 女孩U（19岁）在过去3年里一直受到以限制进食为主的进食障碍的困扰。她在开始治疗时体重仅为36千克，身高155厘米（BMI为15 kg/m^2）。她现在是高中二年级，和父母同住。女孩U描述自己是非常焦虑和不安的；例如，看电视时，她会不停地进行体操练习，每天还要进行数小时的运动。她把一天的日程安排得"非常紧凑"。她不仅要努力学习，还要教辅导课、帮助母亲做家务和购物、在教堂做志愿工作，等等。她"不能允许自己有任何休息"，她感到负担过重并处于压力之下。她是家中最小的孩子，有两个哥哥和一个姐姐。父母信奉保守的教派，这种宗教信仰严重影响了家庭氛围。教派的信仰和原则深刻影响着家庭生活（包括穿着、社交活

常见的冲突是需要照顾与自给自足，以及服从与控制。

片段1中的主导情感是担心他人，以潜抑抑郁的感受。

动和女性角色)。宗教的严厉性占据统治地位,家庭成员间没有真正的情感接触。她的病情让父母非常不安,他们对此不知道说什么好。

女孩 U 的母亲没有工作且喜欢待在家里,"监控着"家庭内的事务。她不尊重个人边界,经常逗留在女儿的房间里。直到最近,女孩 U 仍不被允许关上自己的卧室门。

她的父亲经常因公出差,相比之下,"比母亲更为独立和理性"。他非常看重成就,对女儿的优异成绩和雄心壮志感到自豪。女孩 U 的哥哥姐姐很早之前就搬出去了。作为家中最小的孩子,女孩 U 认为自己需要"把一切都聚合起来",并且不辜负父母的期望,因此她对教堂事务投入很多心血。她的哥哥姐姐很早以前就打破了父母的期望。女孩 U 报告了她对于取悦他人(包括父母、学校同学、朋友、哥哥姐姐)的持续焦虑。她从未与年轻男性建立过亲密关系,也从未约会过。父母禁止她在 18 岁之前进行任何性活动。由于害怕父母可能与她断绝关系,她从未尝试过发展恋爱关系。

> 片段 2 中的主导情感是挑衅性的攻击。

案例片段 2

职业目标是成为刑事法律工作者:服从与控制的冲突,一种主动的模式

F 女士(24 岁)来治疗的原因是持续 3 年的清除型神经性厌食症(BMI 为 15 kg/m^2),清除行为包括过度运动和滥用泻药,她还偶有冲动性的暴食发作。她否认采用自我催吐来控制体重。3年前，她与持续1年半稳定关系的同龄男朋友分手了，这是其神经性厌食症的触发因素。她主动提出的分手，因为她感觉到一种极端的"黏人"，她无法忍受这种亲密。大学就读期间为考试做准备时，其症状明显加重了。她的职业目标是成为一名刑事辩护律师或刑事法官。她报告了明显的控制体重和体形的行为。她每天要称体重约30次，利用每一次机会在镜子或橱窗前检视自己的身材。她描述自己是极度有抱负并且是以成就为导向的。

在与F女士的互动中，首次讨论治疗的基本条件和商议首要目标时，她与治疗师之间的权力斗争变得非常明显："你不能给我一个最后的结论，我会竭尽全力反抗的。"她将治疗协议体验为一种外部规则，并对幻想中的权力丧失回应以挑衅的攻击，她在治疗师面前撕毁治疗协议，或有时在整个治疗小节中一言不发。在与他人的任何接触中，一旦她觉得自我决策的权利受到了损害，她就开始贬低并伤害他人。她会用一切可能的方式，击退任何形式的软弱、恐惧或痛苦。

案例片段3

"不可接近的美人"：独立与依赖的冲突，一种主动的模式

> 片段3中的主导情感是对亲近和融合的存在性恐惧。

女孩B（19岁），罹患神经性厌食症已有6年。她是一位年轻的漂亮女孩，有着大大的眼睛。她的疾病变得严重（BMI为15 kg/m^2）的部分原因是母亲被诊断出患

有癌症（乳腺癌转移），同时因为与男朋友关系逐渐密切（如计划同居）。

女孩 B 是家里三个孩子中的第二个，其兄弟姐妹都有强烈的存在感和个性，而她本人则相对低调。父亲是一个"严厉的家长"，经常与她的兄弟姐妹发生争吵。而她与父亲的关系则是理性的和缺乏情感的。她报告说，她与母亲的关系更为亲近。尽管母亲在关系中提议并鼓励她敞开心扉，但她却倾向于与母亲保持一定的距离。她 12 岁那年第一次知晓母亲患上乳腺癌，于她而言，那是一场惊心动魄且影响深远的经历。

女孩 B 一直认为独立性是一种重要的品质。她在 13 岁时参加了一个学生交换项目；到了 17 岁，她加入了一个骑自行车穿越美国的旅行团。目前，她正在重读高中三年级，但却再次面临可能无法毕业的风险。

在过去两年里，她与一位比她大 13 岁的"复杂"男性（有酒精滥用问题、失业、与母亲同住）谈恋爱。他们尝试了同居，并由此导致了激烈的争吵，以至于她最终搬回了父母家。与男朋友同住时，她将男朋友的每一次离开都视为对她的抛弃。

3.3.3 结构损害

除了之前讨论的在神经性厌食症患者中可看到的冲突性动机张力外，心理功能的基本局限性也起着决定性作用。这些局限要么在早期形成（受亲子关系的影响），要么在由心理发育延迟引发的疾病的进展过程中出现。以下描述了神经性厌食症患者在心理结构上的典型损害，比如在管理自体和客体方面遇到的问题。

- **情感体验与情感区分**：由于长期回避情感体验，神经性厌食症患者往往无法辨别自己的内心体验或区分不同的感受（如恐惧、愤怒、哀伤、无聊、厌恶）。
- **冲动控制**：患者常常将自己的情感冲动体验为"不好"的——他们批评和谴责自己有这样的驱力，并专注于压抑情感或将情感转移到身体活动中。
- **自我价值调节**：患者持续表现出高程度的易被冒犯特质，这种特质通过自我贬低或迅速的社交退缩行为来表现。
- **身体自体**（body-self）：患者对身体的情感感知或多或少有些歪曲（体像障碍），并伴有不确定感和自我贬低。
- **接受帮助**：尽管需要帮助的程度有所增加，许多患者却无法寻求或接受他人的帮助，并且对自己要求过高的倾向持续存在。
- **从关系中脱离**：通过阈下的客体依赖（尽管表面上看似自主），患者难以完成脱离主要照顾者（不仅是母亲，常常也包括父亲）的重要过程。

3.4　对焦点的治疗性处理

前文提到的治疗焦点提供了多种方法，它们是心理治疗的基础。关系模式为探索患者对充满冲突的情境的主观感知提供了可能性("你在和母亲争吵时,确切的体验是怎样的?")。这可能会扩展患者对理解重要他人观点的感知("当你那么用心地为父母做饭时,你认为他们会有什么感受?")。可以通过一种促进关注防御机制的方式来处理冲突主题("在你生活中什么是特别重要的?当你感到羞耻时,你如何对待他人?")。

结构损害是可以被探索和缓解的("如果我试着站在你的立场上,我想在这种情况下我会感到孤独。有没有可能你也害怕被拒绝,想要寻求支持呢?什么可以帮助你对自己身体形成一个更现实的观念?")。

> 治疗的焦点应包括病理性进食行为。

由于患者对关系的构建和塑造类似于其疾病,我们建议从厌食症状的角度来描述治疗的焦点。应该以这样的方式来明确表述焦点,即它将进食行为的特定病理与通常是潜意识的冲突主题和互动联系了起来。在整个治疗过程中,特别是在初始阶段,对于体重或进食行为的变化,应当从对患者及其心理社会环境所产生的影响和重要性这两个角度来进行考虑。治疗方法应围绕人际问题、进食行为与身体感知、相关情感这三方面(见图2)。

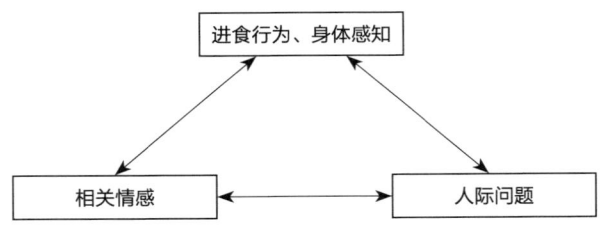

图2 精神病理学、关系动力学和相关情感的关系三角

除了关注这种疾病对患者与父母或其他照顾者之间关系结构的影响外，还应特别注意进食行为的发展与治疗关系的形成之间的相互作用。从这个意义上来说，使用此时此地的情境事例，并提示这些情境与较早期的体验或过去的具体事例之间的相似之处，这往往就足够了，也是更有效的。

> **干预示例**
>
> 治疗师：父母、兄弟姐妹或周围的人对你的减肥是什么反应？
>
> 治疗师：拒绝食物对你来说意味着什么？
>
> 治疗师：父母对你进一步减肥是什么反应？他们会怎么说？
>
> 治疗师：你觉得你和父母的关系与我们之间的来访者和治疗师关系有什么相似之处吗？你能描述一下这些相似之处吗？

4. 治疗

4.1 治疗设置

本章介绍了针对神经性厌食症的门诊焦点心理动力学治疗方法。此方法原是为德国 ANTOP 随机对照研究（见 6.2 ANTOP 研究）所设计，以便在其框架内操作。其中的治疗时长已根据德国健康保险覆盖的门诊治疗次数进行了调整，为 40~50 次治疗。如果病情的严重程度或病程需要，可以延长治疗，最多不超过 100 次治疗。

为了建立治疗关系，建议在最初两个月内进行两次治疗。从治疗的第 3~9 个月，需要每周进行一次治疗。在治疗的结束阶段，应将治疗频率减少到每两周一次，这样做是为了应对神经性厌食症心理动力学因素给构建来访者和治疗师关系所带来的挑战。

4.2 治疗框架

> 治疗框架提供了稳定性和安全性。

无论是住院还是门诊治疗，一个具有明确治疗协议的治疗框架为其成功奠定了基础。这个框架提供了安全性，并可支持患者的体重增加。它还有助于检查负面情绪和普遍存在的控制主题。典型的治疗协议包括体重参数、饮食结构和附加的医学检查。

核心治疗目标应该是力争达成一个规律的饮食结构，包括三顿主餐和三次小食加餐。由于长期存在的和自我强加的限制性进食行为，神经性厌食症患者在治疗初期难以摄入正常分量的食物。因此，主餐可以分为几个小份餐食。在患者合作良好的情况下，可以暂时使用高热量饮料补充，直到消化系统能更好地处理正常的餐量。所有关于营养（特别是分量大小）的信息和建议都详述在附录——"神经性厌食症患者营养指南"中。

神经性厌食症患者的身体状况通常需要医学监测，应每两个月与家庭医生进行一次商讨，并进行常规的实验室检查。根据特定的风险因素，如明显的使用泻药或利尿剂等清除行为，对于某些患者可能需要更频繁的商讨。医疗风险评估应遵循当前的临床建议（Treasure, Claudino, & Zucker, 2010）。

在治疗开始时，应让患者清楚，医生和治疗师无法阻止患者可能会欺骗或无视治疗协议，但仍鼓励患者负起责任来遵守共同商定的治疗协议。这包括防范患者对治疗持有不合理的理想化，这种理想化往往伴随着无助感。当理想化受到质疑时，患者通常会体验到一种解脱，因为他们不再需要害怕"治疗师的权力"。

4.2.1 体重管理

在神经性厌食症的治疗中，体重及其变化进展是治

体重在治疗中是有用的"晴雨表"。

疗中有用且重要的指标。在治疗前，内在心理冲突和人际冲突都是在进食障碍症状中被处理的，如通过饥饿或清除行为。因此，处理潜在的恐惧、情感和冲突的前提是戒除症状行为。由于体重减轻和极低的体重会导致情感麻木（Brockmeyer et al., 2012），患者会意识到自己体验积极情感的能力下降了，但这让其反而获得了"安全感"，因为强烈情感带来的冲击变小了。因此，要激活治疗中所关注的冲突关系模式、情绪和愿望，体重增加是必不可少的。

> 核心治疗目标是使患者的进食行为和体重恢复正常。

核心治疗目标是使进食行为和体重恢复正常。下面的描述很合适："使进食行为恢复正常并非一切，但没有它，一切都是徒劳"（Schors & Huber, 2003, p. 61）。在进行的治疗中，患者应每周在每次治疗开始前进行体重监测。每周的体重增加目标定为 400～600 克（不超过 1 000 克）（即每周 14～21 盎司，不超过 35 盎司）。应该使用"体重曲线"记录体重的变化，并由患者记录（见附录）。在治疗初始阶段，应在每次治疗小节开始时讨论体重，直到达到显著的体重增加目标（例如，增加 ≥ 1 个 BMI 单位）。整体的体重目标应设定为 BMI = 18.5 kg/m^2，以符合世界卫生组织的推荐标准。此外，如果患者的 BMI 值持续两周以上低于 15 kg/m^2，那么住院治疗是必要的。这种预先的协议简化了对治疗中体重不增反降的处理。

尤其在治疗的初期阶段，关于体重和进食行为的话题通常被笼罩在一种讳莫如深和"有意识的欺骗"的氛围中（Bruch, 1978）。建议治疗师在协商治疗协议时公开讨论这种欺骗的可能性，避免过于仓促地结束治疗。患者展现出的欺骗行为具有表达自主性和独立性的功能，或具有避免羞辱的功能：有时患者会说，"在吃东西时，我可以决定，只在那一刻我是重要的"或者"在吃东西和做清除行为时，我是自己的主人，我不需要做任何妥协"。

在治疗过程中，常常出现以下情况：患者会表达与增加体重有关的虚假动机，穿着宽松衣服来掩盖体重减轻，或在称重时造假。例如，患者在称重时可能会喝大量液体、不排空膀胱或在衣服里藏重物，以此来大幅度操控体重数据。因此，在评估营养状况时，除了体重外，还应考虑其他参数，如肌肉状况、皮肤状况、心血管状况及实验室检查结果（Treasure et al., 2010）。

患者常常辩称，他们必须首先达到完全的心理稳定，才能增加体重。这可以被诠释为回避面对痛苦的无助情绪，并且最好以一种同情但坚定的方式对待它。如果体重没有增加，治疗就是不成功的。

进食障碍患者常常有过治疗体验，在之前的治疗中，他们很可能已经对其疾病有关的心理动力学背景信息有所了解。这些知识虽然有助于康复，但也可能强化患者的防御机制，甚至被用来"蒙蔽"治疗师。这也支持了作为治疗过程晴雨表的体重状况及其变化的决定性作用。

4.3 治疗的基本原则

4.3.1 心理动力学治疗的基本特征

心理动力学治疗不仅关注厌食的特定方面，还关注关

治疗的一般原则是提出矛盾的关系主题。

系模式中的矛盾和情绪加工上的基于结构的限制，这些都会导致关系的破坏。在要点框 5 中，列出了典型的心理动力学干预措施（请比较 Summers & Barber, 2012）。

要点框 5　一般的心理动力学干预原则

- 尊重、共情、接纳、公正（即不以个人利益为导向）的治疗立场。
- 促进患者的表达自由。
- 共情患者的内在情感体验、恐惧及其言语化表达。
- 探讨"不可接受"的感受。
- 以人际关系为中心，尤其是反复出现的、令人不快的关系模式（见 3.3.1 关系模式）。
- 将当前的体验与过去的经历联系起来。
- 描述触发症状的情境。
- 对冲突状况发展出一种替代性理解。
- 观察习惯性的防御机制，并对它们进行适当的讨论（例如，通过挑战治疗中对困难话题的回避）。
- 解释神经性厌食症的医学并发症和后果。
- 如有需要，仔细确定潜意识或前意识的愿望、冲动或焦虑（例如，通过对梦的内容开展工作）。
- 如有需要，处理来访者和治疗师关系中的张力（例如，与治疗师有关的愿望和恐惧）。

4.3.2　移情与反移情动力学的处理

在自由发展和个性化（有时这会表现为患者对治疗的

反对或反抗）与治疗固有的规则和边界（治疗师警惕地维护着）之间存在着张力，患者与治疗师的关系在此张力的相互作用中不断深化。从治疗的角度来看，最好将这种互动描述为"走钢丝"，如果要在患者需要关注的愿望和争取自主性之间保持平衡，那就要求治疗师具有高度的灵活性。

在允许自主性和接受照顾之间取得平衡，就像"走钢丝"一样。

"3.3.1 关系模式"澄清了治疗开始阶段必须克服的困难。治疗设置也可能增加患者的无助感、退缩冲动和自我控制。这些厌食行为会引发治疗师的反移情反应。

从心理动力学的角度来看，治疗师如何处理患者的退缩和防御（这最终可能引发治疗师的无助感），是治疗成功与否的关键。治疗师必须一次又一次地忍受这些感受，而不给患者施加过多的压力或反压力。不断处理与平衡理解，明确坚守界限，这有助于患者去学习基本的人际交往技能。治疗中必须时刻牢记神经性厌食症的严重程度和矛盾性，必要时应调整治疗成功的基准；即便是很小的成功也应被认可和适当重视。这种小小的成功可能仅仅是感觉在一节治疗中氛围的改善，或是在与患者接触时治疗师的愤怒减轻了。有时候，一段时间的间隔或督导情境有助于识别这些微小的发展进步。

将反移情付诸行动的典型危险包括治疗师更努力地提供帮助，患者可能将此解读为治疗师自身不足的信号。这可能会让患者不安，增强其防御机制，同时可能加剧权力斗争。

4.3.3 对体像的处理

神经性厌食症的一个区别性特征是体像障碍。因此，探讨并处理患者对自己身体形象及相关身体功能的幻想至关重要（Bruch, 1962）。患者对进食和食物在体内的消化过程深感不适，并伴随着对超重的恐惧或对进食和消化过程的厌恶感。有时候，患者会在消化的不同方面与性幻想之间，持续存在着一种"原始"的混淆。为了更好地理解患者的担忧，治疗师可以聚焦于患者对食物摄入的反应，并帮助患者想象食物在体内的运动路径，这可能是一个有益的练习。

> 对身体的觉察应当被纳入治疗中。

对患者而言，进食让其意识到自己身体的存在。对身体觉察的工作，是接下来对自信心进行工作的先决条件。通过体验自己的身体，个体与自身关系的基础体验得以成为可能。身体取向的心理治疗，结合身体觉察技术或结合融入身体元素的想象技术，都是神经性厌食症门诊治疗中切实可行的构建模块。治疗过程中应整合对面部表情、身体姿势、呼吸及身体的感知。此外，采用特定技术来获得对身体的觉察，可以帮助揭示身体姿势对自信心及自我觉察的影响，这反过来又可以增强对情绪的觉察。为了提高自我觉察，创造性想象技术也是有价值的治疗干预措施，这些想象技术聚焦于感知那些与情绪和进食有关的身体维度。而且，这些技术能让患者亲身体验情绪因素对身体感知的影响。在 ANTOP 研究中，对体像的不满与抑郁、焦虑症状密切相关；基线时的体像障碍预测了 1 年随访中的情感性共病（Junne et al., 2016）。体像问题通常会在治疗期间加剧。鉴于体像问题与体重增加相关且持续存在，通常来说，体像问题应当成为神经性厌食症治疗的关键干预靶点（Junne et al., 2016）。

重要的是，治疗应指导患者与其身体建立一种更具共情性、更友好的关系。这包括不断减少自我伤害行为，这些行为包括限制进食、给身体造成过度损伤的剧烈运动、滥用泻药和利尿剂等。神经性厌食症患者持续尝试通过称重和身体检查来控制身体形象，这些也应该被讨论并逐步减少。

神经性厌食症患者会出现对自己身体感知的歪曲。目前，并不认为这种障碍是一种原发的对身体感知的缺陷，而是一种紊乱的对身体感知的情绪调节。这种紊乱的情绪调节导致了患者对其身体的极端不满。这种身体感知与患者的自我概念紧密相关，所以应改变其对自己身体的不满，由此患者才能不单单用体重和体形来定义体像的概念。在该背景下，象征性的诠释有助于处理歪曲的体像感知。因此，身体感知可以作为理解被潜抑的情感和冲突主题的第一步。以下是一些相关的干预示例。

> **干预示例**
> **对体像的不满**
>
> *治疗师*：你的身体想要向你传达什么信息？
> *治疗师*：如果你的身体能够表达观点，它会传递什么信息呢？

4.3.4　将家庭纳入进来

本节将探讨在治疗过程中纳入原生家庭的可能性，尤其是在治疗比较年轻的患者时。本节内容并非试图完整阐述家庭治疗的各种干预手段，相关内容可参考关于家庭治疗的更详尽资料（Fishman, 2004; Lock & Le Grange, 2012; Selvini-Palazzoli, 1996）。

在神经性厌食症的治疗中，将家庭纳入个体治疗的设置中是至关重要的。ANTOP 研究中包含了一个家庭取向的会谈，这是因为它有助于揭示当前的关系冲突。以下将简要介绍这一治疗流程。

> 为家庭成员提供的家庭会谈旨在发现当前存在的人际关系冲突。

在家庭取向的会谈中，诊断方面是最重要的。在会谈期间，可以发现各家庭成员之间当前的关系冲突，并将其用于治疗过程中。当稳定的客体表征缺失时，这尤其有价值，这在结构受损严重的患者群体中是很常见的。治疗过程中的一个危险是，当关系动力学中的冲突不断被轻视时，一种起反作用的和谐就会显现出来。当患者在家庭会谈中直接面质其家庭成员时，治疗师可以收集到有关可能维持疾病的家庭内部关系模式的信息；同时，该会谈也可以使治疗师能够观察到患者是如何活现其与家庭的关系的。

家庭会谈将邀请患者原生家庭的所有成员，包括父母和兄弟姐妹。其中，邀请原生家庭的成员来参与治疗是患者的任务。目标是促动核心家庭的所有成员，虽然并非绝对要求所有成员都出席家庭会谈。

在主要家庭成员无法参与家庭会谈的情况下，如果患者处于恋爱关系中或已婚，则替代的选择可以是与患者的伴侣或配偶进行一个伴侣会谈；如果合适的话，也可以与患者的子女进行家庭会谈。家庭会谈的禁忌证包括任何可能升级家庭内部冲突的情况，如与家庭暴力有关的情况。

组织家庭会谈的示例

组织家庭会谈时，应该留出充足的时间进行问候和相互熟悉。理想的情况下，治疗师与每位家庭成员进行简短的交流，通过友好的闲聊来建立个人联系。在分享主要话题和谈话指南之前，治疗师应让每位家庭成员都有机会与治疗师交谈（"一家人今天是怎么过来的？""每位家庭成员的职业或角色是什么？""谁与谁同住，住在哪里？"）。治疗师与每位家庭成员建立联系是很重要的——这有时被称为"加入阶段"。

家庭会谈初期阶段的中心话题是消除任何想象的指责。对许多父母、兄弟姐妹和伴侣而言，家庭会谈常常等同于澄清这个问题：谁应该为疾病负责？

可以通过多种方式进行疾病主题的讨论。一种可能是询问每位家庭成员他们希望在会谈中讨论什么话题，这可以通过"循环提问"来完成（如询问患者"你觉得你父亲认为什么话题比较重要？"）。或者，也可以询问每位家庭成员对疾病表现的主观理解或看法。

在开启家庭会谈时，使用循环提问技术会有所帮助。

为了减轻父母被指责的感受，可以讨论神经性厌食症的多因素起源，以及讨论典型神经性厌食症家庭是缺乏科学证据的。相反，家庭成员的参与对神经性厌食症的治疗过程是最重要的，因为每位家庭成员都可以帮助患者战胜疾病。在探索家庭系统或试图揭示家庭互动的功能失调模式时，其他感兴趣的主题可能是：家庭成员所理解的疾病特征、家庭成员认为疾病对家庭关系和家庭未来计划的任何威胁、疾病对家庭生活和家庭成员个人的影响，以及可获得的资源。

在治疗会谈中,家庭成员将有机会询问有关疾病的各种问题。建议向他们提供关于疾病可能带来的生命危险、变成慢性疾病的风险和饥饿后果的大致信息。最后,应当认可并赞赏父母/伴侣在试图应对疾病时所给予的情感上具有挑战性的支持。可以把重点放在家庭内部的资源上,并增强家庭成员的自我效能感。特别是在治疗比较年轻的患者时,与父母的治疗联盟和他们的积极参与,对治疗的成功至关重要。

在准备家庭会谈的过程中,许多患者会对这种会面的原因及其益处表示疑虑,以下是几种处理这些疑虑的方法。

干预示例

在家庭会谈前处理疑虑

治疗师:或许你在担心,当大家聚集在这里,什么会被揭露出来,哪些情绪会冒出来,包括你自己的什么情绪会冒出来?

治疗师:你期望的是什么?当你透露自己的真实感受时,你的父母会有怎样的反应?

治疗师:我们的经验显示,许多问题和焦虑通常在家庭中是不被讨论的,而家庭会谈可以成为一个讨论这类话题的场所。

虽然(或者可能因为)围绕着家庭会谈经常有许多疑虑,但家庭会谈的结果通常是非常正向的。以下示例描述了患者可能的反应。

> 📋 **干预示例**
>
> ### 患者的反应
>
> 患　者：家庭会谈也是重要的。起初，我的父亲不想参加，但对我而言，他的参与非常重要。在家庭会谈中，我第一次注意到，我和父亲的关系让我深感悲伤。以往，我总是接受我们糟糕的关系，没有一句抗议的话。
>
> 患　者：在成长的过程中，我从未学会如何面对冲突，而且我从未真正诚实过。家庭会谈中，这一点变得清晰起来，我觉得自己仿佛坐在一群陌生人旁边。以往在我们家里，很多事情都未被谈论过。我学会了对自己诚实，也对别人诚实。我现在可以更容易地接受自己的弱点，并向他人表达我的情感。

在家庭成员缺席时对家庭进行工作

如果无法开展家庭会谈或伴侣会谈，我们建议在家庭成员缺席的情况下与患者讨论其疾病对家庭系统产生的影响。

在家庭成员缺席的情况下，也可以有效使用循环提问的方法。这种提问方式可被用来更好地理解患者症状与其有意义的家庭关系主题之间的联系（如询问"你认为你母亲怀疑什么是你疾病的原因？""你母亲对此会怎么说？"等）。这种循环提问技术还可以发现对患者康复至关重要的资源和能力。

作为循环提问的替代或延伸，还可以采用源自格式塔心理学的技术。就像在家庭会谈中一样，在治疗期间也会收集关于疾病对家庭系统的意义和影响的信息（Agras et al., 2004; Lock & Le Grange, 2012; Selvini-Palazzoli, 1996）。在替代技术和沟通方法方面有实践经验的治疗师，可以利用这些方法作为支持，如使用家庭板或家谱图。

4.4　治疗设置和初始阶段

整个治疗方案包括 40～50 次会谈，可以划分为三个阶段，接下来的部分将详述各阶段的关键主题。这种分阶段只是一个建议的方向指南。个体的治疗可能需要调整每个治疗阶段所花费的时间，也可能需要增加额外的内容。因此，这种设置只是一个基本模型，不同个体的治疗可能会有较大的差异。此外，每个阶段的内容只是一种建议，旨在帮助构建治疗和确定不同阶段中的优先事项，因此所包含的内容并不是只受限于这些阶段。

4.4.1　诊断、治疗联盟及治疗焦点的确定

> 心理动力学访谈旨在确定治疗焦点。

治疗伊始，心理动力学访谈旨在根据 OPD-2 来确定治疗焦点（见 3. 诊断）。在对神经性厌食症患者进行工作时，心理治疗的初始阶段往往伴随着患者对其疾病状态缺乏内省，并对治疗持有明显的矛盾态度。面对这种状态，

治疗师必须乐意采纳一种共情的、支持性的、主动的治疗立场。我们建议在治疗开始时与患者讨论治疗框架（治疗协议谈话），并根据患者的情况，或多或少地向其提供关于疾病和治疗过程的信息。

在此初始阶段，我们将确定治疗目标，尤其是关于体重增加的目标（见 4.2.1 管理体重）。然而，除了体重增加，我们还需要处理其他重要的主题和治疗目标，这些主题是指患者的主观目标，是从治疗的经典主题中搜集而来，如克服适应不良的关系模式。

4.4.2　基本治疗立场

鉴于患者对治疗抱有的矛盾心理和体重增加在治疗成功中的核心作用，治疗师必须采取并保持一种指导性和规范性的干预方法。尤其在治疗的初始阶段，治疗师应积极努力使患者确信治疗是必需的。在此方法中，治疗师应讨论和解释神经性厌食症可能带来的风险和后果。然而，经验表明，仅仅激发患者的健康意识通常不能成功地增加其治疗动机。因此，充满赞赏且共情的干预措施是尤其重要的。

> **干预示例**
> **治疗性支持**
>
> 治疗师：真是遗憾，疾病使你无法去上大学。
> 治疗师：我相信你不该承受神经性厌食症所带来的这份孤独。

很常见的是，患者通过长时间沉默来表达其对治疗的矛盾心理，而这需要治疗师的主动干预。例如，在这种情况下，治疗师可以向患者分享自己的感知。治疗师也可以间隔一段时间与患者交流对治疗初期所出现问题的反思。

> **干预示例**
> **患者长时间的沉默**
>
> *治疗师*：你是不是觉得很难找到一种方式来谈论你的感受？
> *治疗师*：什么才能使你信任我（或这个治疗）？
> *治疗师*：你是希望别人看到你的痛苦，而不是只持续批评你吗？

此外，治疗师应与患者达成协议，在治疗的前 4 周内（或最多 6 周），体重应保持稳定，不增加也不减少。我们的经验表明，对治疗联盟至关重要的是在初始阶段不要通过建议增加体重而制造额外的压力，否则治疗师可能会陷入另一个"迫害者"的角色中。此外，治疗师应利用最初的 4 周来系统地为体重增加做准备；例如，治疗师需要考虑以下问题：患者将如何告知周围人自己的情况？一旦治疗开始并且改变被证明是困难的，患者可以向谁寻求帮助或支持以改变其生活？患者如何创造最佳条件来应对即将到来的挑战？

在与患者的治疗互动中，治疗师应绝对明确患者不仅仅是一个患有神经性厌食症的人。如果患者能感受到正在形成一种共同对抗神经性厌食症的"治疗协议"，这将非常有益。这样，治疗师将成为患者的盟友，而非"迫害者"。

> **临床锦囊**　初始阶段的基本治疗立场
>
> 创建一个安全的治疗框架，提供结构，专注于厌食行为，同时明确地避免施加压力，共情患者自然的恐惧，言语化患者的内心体验，处理患者的个人无助感。

4.4.3　对治疗联盟进行工作

在治疗初始阶段，处理可能阻碍治疗成功的因素至关重要，如对体重增加的恐惧、对过度依赖的恐惧、对无助感的恐惧、受治疗支配的恐惧。去预期未来 5 年，如果能克服神经性厌食症，生活会是怎样的，这可能对治疗颇有裨益。

关于神经性厌食症难以满足的矛盾本质，患者非常看重治疗师的共情表达。这种病症带来的长期内心"恐惧"，使患者常常感觉渴望得到支持。厌食的疾病模式通常已成为患者的内心声音，被顺从地、不加质疑地遵循着。这种生活模式的毁灭性和情感受损，不仅可能导致身体消瘦，还会导致社交孤立，但是患者往往会对此情况进行否认。

> 治疗师共情性地探索神经性厌食症的世界可促进一个稳定的关系。

因此，对厌食行为的不良影响形成觉察，是激发患者治疗动机的重要先决条件。"4.4.4 揭示支持神经性厌食症的信念"这一节详细描述了如何识别支持神经性厌食症的信念和想法。

在治疗的初始阶段，治疗师应实施干预措施来区分神经性厌食症的声音对患者的巨大权力。接下来的一步，治疗师可以鼓励患者言语化任何与神经性厌食症模式相悖的心理体验和感知。如果患者仍然过于矛盾且治疗缺乏进展，那么治疗师应尽早处理该问题。在这种情况下，使用图像或隐喻可能会有所帮助。

> **干预示例**
> **神经性厌食症的"内心顾问"**
>
> *治疗师*：当你考虑是否吃东西时，脑海中会有什么想法？
> *治疗师*：你内心中是否有一个顾问禁止你吃东西？当你忽视这个内心顾问时，会发生什么？
> *治疗师*：我们怎样才能成功地让你内心的厌食顾问静默，并建立对治疗的信任？
> *治疗师*：要怎样才能让你像信任你内心的厌食声音那样信任我？

<small>出于治疗的目的，应利用神经性厌食症的象征表达特质。</small>

另一种可能性是用比喻性的措辞，将关系模式转换为食物的语境，这个技术可以帮助患者逐步将进食（或不进食）的最初体验与一个关系情境联系起来。其总体目标是让患者对自己的感知、想法和感受产生好奇心。

> **干预示例**
> **神经性厌食症的象征性特质**
>
> *治疗师*：你如何才能重获对生活的渴望[①]？

---

① 译者注：此处"渴望"为双关，既包含基本生理层面的食物渴求，也包含精神追求层面的强烈情感愿望。

治疗师： 你认为拒绝进食和不吞咽会传达什么信息？

治疗师： 你在用你的体重传递一个信息，即你担心自己不被看见或不被重视。

治疗师： 你对自己施加的压力是否让你变得更加渺小，让你感觉自己真的在逐渐消失？

治疗师： 持续减重是否也表达了一种内在资源的耗竭，仿佛你在试图说"我再也受不了了"？

厌食疾病模式的最大好处和优点是：神经性厌食症是一个忠诚的同伴，永远不会让患者孤单一人。淡化或放弃这种模式会让患者感到强烈的情感和巨大的丧失感。由于维持这种模式的机制存在于所有层面——心理的、人际的（与父母、兄弟姐妹、教师及朋友的关系）、生理的（饥饿的新陈代谢）层面，所以有必要在这三个层面上取得改善，才能实现康复。

患者的矛盾心理可以视作转变过程中的一个自然的部分。然而，很明显，冲突性感受和想法的长期共存，会导致越来越多的压力。管理患者的这些内在冲突会激发可在转化过程中被使用的情绪和恐惧。我们的目标应该是增强那些能够激励患者增重的人格特质。这要求治疗师具有极高的灵活性。在每一次干预的过程中，治疗师都应努力避免纠缠在争论中——应该"跳舞，而非角斗"。此外，治疗师的共情性态度和对治疗过程中常见的反复变化的接纳，可以提供适当程度的开放性和支持性。这使患者能够发展出对疾病的新观点和新的处理方式。

矛盾心理并不是一个值得持续存在的状态。

干预示例
矛盾心理

治疗师：除了害怕体重增加外，是否还有其他因素在阻碍你？或许，你目前在用你的身体状况向他人表达你需要帮助和关爱，这是你很难直接展示或表达的。

治疗师：承认你的体重和身体存在问题将意味着令人害怕的后果，别人可能会询问你怎么了，甚至会告诉你应该怎么做。

ANTOP 研究中的发现证实了这个理念：有时患者完全缺乏对疾病的内省力。在治疗的初始阶段，患者对情感的恐惧性回避以及对食物相关问题的和解，使得治疗反应变得复杂（见案例片段 4）。

案例片段 4
回避情感和否认疾病

治疗师：在你考虑开始治疗的时候，脑海中出现了什么想法或感受？有突然出现怀疑或恐惧吗？

患　者：不，我很高兴终于开始治疗了，并且我希望治疗能成功。

治疗师：现在你的进食情况怎么样？在准备食物或进食时，你有什么感受？

患　者：情况很好。我在厨房准备食物，然后拿到阳台上去吃。天气这么好，在外面吃饭真是一种享受。

治疗师：对你来说，吃东西代表了放纵和快乐吗？
患　者：是的，对我来说一直都是这样的。
治疗师：在你内心中是否进食还代表了另一面？进食的另一面是否有不同的含义？当你准备食物或准备吃那些食物时，对你来说那一面的感觉是怎样的？
患　者：我会按照自己喜欢的进食方式来准备食物。唯一的问题是，我总是会剩一点。我好像就是吃不完全部的食物，我不知道为什么会这样，对此真的解释不清楚。

对患者而言，参加治疗最终意味着他们需要学会接受对不确定性未来的恐惧，以及对因疾病而失去生命时光的悲伤。因此，在治疗的初始阶段，重要的是要查看患者未来将会发生变化的利弊，并强调这个事实，即患者始终拥有选择的自由。

4.4.4　揭示支持神经性厌食症的信念

一个好的治疗神经性厌食症的方法涉及讨论通常隐蔽的支持神经性厌食症的信念和想法（例如，神经性厌食症为患者带来了哪些积极作用？）。据瑟普尔等人的研究（Serpell et al., 1999），神经性厌食症最常见的正性强化因素包括情绪安全感、控制感、吸引力、自我价值感，以及对负面情绪的回避（见图3）。这种疾病可能为患者提供了情绪安全感，并让其感觉自己很特别。神经性厌食症还有助于调节情感的亲近与疏离。疾病降低了情感性和情绪的

神经性厌食症患者对其症状的体验是自我协调的。

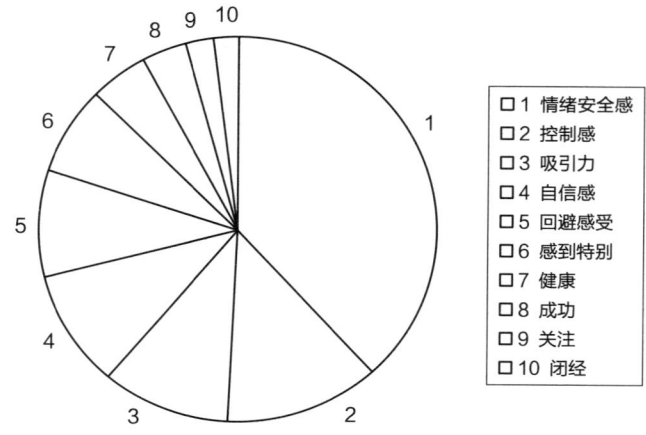

图 3　支持神经性厌食症的信念

注：上图中各部分的大小代表了在神经性厌食症患者群体中报告的各种支持神经性厌食症信念的出现次数；此图改编自瑟普尔等人（Serpell et al., 1999, p.182）。

活力，并且这一事实被患者看作既有正性方面，也有负性方面。

使用"给神经性厌食症这个朋友的一封信"（见要点框6），可以帮助实现治疗目标，即让患者学习接受神经性厌食症中不那么突出且批判的声音。治疗性写作可以启动一个自我反思的过程，在治疗的后续步骤中也可以采用此法。此外，这种干预是一个宝贵的工具，可以记录患者当时体验的动机水平。在患者撰写的信件中有一些典型的主题："给神经性厌食症这个敌人的一封信"，是受疾病支配的感受；对疾病的生气和愤怒；因病而致的社交退缩，伴随着失去友情与人际关系；放弃自己的学习、工作和职业目标；感觉虚度了光阴；无法投身到生活中；对当前身体疾病和未来医疗问题的恐惧；抑郁和易怒；感到被疾病欺骗。

这种干预的一个优势在于，患者有机会在写作过程中自主地识别出根深蒂固的态度、行为和关系模式。

治疗师应主动发起聚焦于疾病各方面的分析过程。

> **要点框 6**　示例：给神经性厌食症这个朋友的一封信
>
> 亲爱的神经性厌食症：
>
> 在别人离我而去或抛弃我的时候，你总是在我身边。你是一个忠实的同伴，经常帮助我。虽然他人认为你在伤害我，但真相是你的支持帮助我活了下来。没有你，我就会像太空中的一颗卫星，失去目标，迷失方向。在我的世界面临崩溃的威胁时，你给了我一个可以专注的东西，而且你使我找回了一些我所失去的控制感。

4.4.5　聚焦自尊问题和抑郁体验

低自尊的患者显示出较高的治疗脱落率和更差的预后（Halmi et al., 2005; Wild et al., 2016）。鉴于这些发现，在治疗的初始阶段采取措施来增强患者往往脆弱的自尊心是很重要的。对于患者的高标准，定期表达赞赏和表示出理解也是很重要的。

最开始的目标应该是识别并改变患者对自我的负性信念，因为它们对自尊会产生明显的影响。这些负性信念往往决定了产生体验和行为的基础（即与自我协调）。因此，

聚焦于自我价值主题。

至关重要的第一步是质疑这些功能失调的信念，从而使它们变得与自我不协调。其中的一种技术涉及对比情感体验与对负性信念的理性解释。另一种可能性是，在区分感受和对负性信念的理性解释时，支持患者采取一个外部视角。另外一个技术是识别出患者感到既有能力又自信的例外情况。

 干预示例

处理负性信念

治疗师：如果你能站在别人的立场上，从局外人的视角来看自己，你还会得出自己不讨人喜欢的结论吗？你的朋友和亲戚们会如何评价你？

治疗师：你提到在那个情境中，你感到渺小和无助。回顾一下，你现在怎么评价那个情境？你能看到你那时的感受和现在的理性评价之间的区别吗？

治疗师：你上一次在和别人相处时，真正感觉自己强大和有韧性是什么时候？

除了负性的自我概念外，患者也可能表现出过度适应的行为或表面的遵从（除了他们的进食行为），以及由于害怕被批评而表现得异常乖巧听话。同时，患者对他人的评价往往也是负性的。他人通常被认为是强势的、占主导地位的和控制的（见 2.1.2 人际动力学）。这种来自社会环境的反馈也使患者的自尊不稳定。

干预示例
过度同化

治疗师：那些总是表现得很好和乖巧听话的人，并不一定总是得到赞赏。他们注意到自己在被别人利用，但他们又担心，如果说"不"，别人会有什么反应——仿佛这样做就会失去一切。

此外，患者往往通过强烈追求个人成就和高度的完美主义来调节自尊。治疗师应尝试仔细地询问患者对个人成就和完美主义的强烈追求，但要以谨慎的方式进行。

> 治疗师应质疑患者过于"乖巧听话"的行为和对完美主义的强烈追求。

干预示例
对自己的完美主义期望

患　者：只有当我做到完美时，我才会被爱。只有当我不犯一点错误时，我才有价值。

治疗师：你很难留意到你给自己施加了多大的压力，你似乎试图成为一个超人。

治疗师：如果你少一些自我批评，少一些以成就为导向，你觉得会失去什么呢？

在患者开始接受治疗后，他们大多会经历严重的抑郁发作，这时可以应用针对抑郁障碍的既定干预措施（Leichsenring & Schauenburg, 2014）。治疗师还应该使用一些干预措施来处理那些破坏性的非黑即白思维、自我惩罚倾向，以及过度严苛的自我批评（即"超我病理学"）。

> **临床锦囊** 避免权力斗争
>
> 在治疗初期，治疗师最大的危险是陷入关于进食行为和体重的权力斗争中。如果发生这种情况，患者将不可避免地感到无助和自卑，并会开始其内在贬低的过程。

4.4.6 对初始阶段的调整

在治疗初始阶段结束时，可以进行如"4.3.4 将家庭纳入进来"所描述的家庭会谈。根据我们的经验，不宜在治疗中过早地进行家庭会谈，因为在与患者的家庭成员交流之前，最好给患者提供机会去反思自己疾病的含义和矛盾性。

初始治疗阶段的另一个方面是，帮助患者在学校、工作场所等社会环境中获得治疗性支持。在这一背景下，至关重要的是要支持患者学会寻求不同层级的帮助。此外，患者还应获得有关健康的、常规的和均衡的营养方面的信息，具体内容可以参见附录中提供的指南。

> **临床锦囊** 初始阶段重要干预措施的概述
>
> **支持性干预**：
> - 建立有益的治疗关系（共情、支持、以非评判的方式接受情感体验）。
> - 尝试与患者生活中被分裂和隐藏的部分产生共鸣。
> - 加强自尊（认可、减轻愧疚、调整自我要求）。

- 具有支持性的情境，让患者在此情境中觉得自己是有效行动的发起者。
- 患者和治疗师都应该意识到病情缓解的可能性，并应共同讨论改变（注意：治疗师需防范无助感这种反移情）。

结构性干预：
- 告知患者神经性厌食症的风险和后果。
- 讨论支持神经性厌食症的模式和信念。
- 激发动机——"给神经性厌食症这个朋友（或敌人）的一封信"（见 4.4.4 揭示支持神经性厌食症的信念）。
- 分析进食行为、人际关系动力学及相关情感之间的相互关系。

4.5 治疗中期（处理治疗焦点）

治疗的中期阶段应当处理之前识别出的人际关系动力学和结构焦点。进行这些治疗工作的先决条件是建立一个可行且稳定的治疗联盟。

4.5.1 基本的治疗立场

治疗中期阶段应减少结构性和指导性干预，以激励患者与治疗师之间的工作联盟，且仍需持续监测体重目标。理想情况下，治疗师应实施以下特征性心理动力学干预措施：

控制体重目标的责任应该逐渐被转移到患者身上。

- 识别和理解有问题的体验，包括治疗关系中有问题的体验（聚焦于情感成分）。
- 支持以探索性的试错方法来处理主要困难。

临床锦囊　中期阶段的治疗立场

> 在这一阶段，治疗师应采用较少指令性的方法，避免采取控制和教育的态度。如果可以，治疗师应减少对体重目标的控制，同时增加对情感内容的处理。

4.5.2　聚焦于情感–情绪体验

几周后，患者的体重增加过程开始使患者有能力去感知自身的情绪。这些情绪往往被解释为受禁止的，而且它们可能会呈现出一种整体上的威胁性特征（即神经性厌食症被用作为一种"麻醉剂"）。处理对食物、身体和进食的持续先占观念，已经变得可预测和可控制；相比之下，感受既不可预测，也不可控制。患者可能会惊讶于自己感受到的愤怒或暴怒。起初，患者的愤怒直接指向进食、体重或身材等主题，而不顾这样一个事实，即愤怒的实际对象是治疗师，患者并不愿意得到治疗师的帮助。患者在放弃其惯常的控制举止后，开始直面自己内心对于体验嫉妒、怨恨、贪婪等负面情绪的恐惧。在治疗的这一关键节点上，考察患者在治疗开始前是如何自我认知与体验的，可能会有所帮助。

在治疗中期阶段，治疗师应采用能够强化情感–情绪体验的干预措施。

为了使情绪体验以一种生动和可感知的方式进行，可以在当前的治疗关系中实施以下几种干预措施（案例片段 5 和案例片段 6；McCullough，2003）。

临床锦囊 支持情感-情绪体验的干预措施

- 镜映与澄清情感。
- 提供情感慰藉（"允许"）。
- 增强情感体验（"深入探究"）。
- 在情感和关系体验之间建立联系。
- 识别情感的触发因素。
- 将情感确定到现在和过去。
- 发展与情感的距离。

案例片段 5
觉察情感-情绪体验和进食行为之间的联系

> 患者应该学会觉察情感体验与进食行为之间存在怎样的联系。

治疗师：你似乎很难处理你和父母之间的问题。

患　者：是的，嗯，的确如此。很多情况下，当我和父母说话时，我不敢向他们表达我正感受到的愤怒。

治疗师：你的担心是什么？如果你谈论你的愤怒，可能会发生什么？

患　者：我不知道，我以前从没想过这个问题。也许是因为我就是不相信自己，然后过于草率地得出结论，认为这样可能会伤害我的父母。我经常感到如此心碎和愤怒，以至于无法与父母谈论这些。

治疗师：看起来你很担心自己会伤害父母？

患　者：是的，部分是这样。我担心自己在这种情绪紧张的情况下没法保持客观，所以我告诉自己最好不要谈这个话题。

治疗师：这些情况对你的进食行为有什么影响？

患　者：在那些日子里，我真的什么都吃不下。我认为我是在用不让自己吃东西来惩罚自己的强烈情绪。

治疗师：让我们看看我有没有搞清楚：通过不让自己摄入营养，并通过最终接受体重降低给身体带来的后果，你把对父母的愤怒转移到了自己身上？

患　者：嗯，是的，大体上是这样的。

治疗师：你的父母似乎有很多让你欣赏的特点，但有些特点却让你感到烦扰。你们有时意见相左，这很正常。你怎样才能让父母知晓你很生气呢？能够展现个人边界是很重要的。

患　者：嗯，是的，在某些方面，我不想像我父母那样。

治疗师：是的，这是一个重要且核心的问题，即我想成为怎样的人？从某种意义上来说，你的进食行为似乎是一个重要的警示信号，它让你知道，在与父母的关系中，你什么时候没有表达自己的想法或感受。

> 治疗师应该开始讨论不可接受的情感这一议题。

 案例片段6
增强情感-情绪体验

治疗师：与你男朋友吃的东西相比，你似乎很清楚自己吃的东西。

患　　者：是的，我注意到了，确实是这样的。当男朋友吃得比我多时，我就会松口气，不会有我吃得太多的感觉。但是，当我吃得比男朋友多时，我就会立即感到不安，觉得自己吃得太多了。

治疗师：当男朋友吃得很少时，你会怎样体验这种状况？你是确实没有感到饥饿，还是即使你仍然感到饥饿，也会禁止自己吃更多的东西？

患　　者：我喉咙发紧，感到悲伤或愤怒，而且不再想吃东西。在这种情况下，我不会感到饥饿。

治疗师：在这种情况下，你的反应如此强烈，对此该如何理解呢？你害怕的是什么？

患　　者：我不知道——也许害怕体重可能会增加，或者害怕我吃了就无法停下来。

治疗师：所以这是关于控制的问题吗？假设你比男朋友吃得更多，你会有什么感觉？

患　　者：一种恐惧，害怕自己过于贪婪——害怕自己是一个贪吃的人，一个无法控制自己的人。

治疗师：然后……你害怕什么？

患　　者：我不知道。

治疗师：你身体的哪个部位有这种感觉？

患　　者：在我的喉咙里，在我的腿上，就像我的双腿正在颤抖一样。

治疗师：保持你双腿的颤抖。还有其他感受吗？

患　　者：害怕自己软弱无助，害怕自己失败。

治疗师：你害怕如果表现出恐惧，你就会变得软弱无助？

4.5.3 关系焦点方面的其他工作

治疗心理疾病的心理动力学方法基于以下观点，即童年早期某些功能失调的关系体验构成延续终身的易感因素，然后易感因素与遗传倾向及其他生活体验相互作用，最终导致心理障碍。因此，与其他心理疾病一样，神经性厌食症患者在起病前会感知到其人际关系中的内部或外部危险。正如"3.3.1 关系模式"中详细讨论的那样，这些危险启动了适应不良的关系模式的发展。

> 适应不良的关系模式展示了用于治疗性工作的重要材料。

对关系动力学焦点的构想，应旨在澄清焦点所定义的相关关系主题（见要点框 7 和案例片段 7）。治疗师应减少关注未被归入该焦点的所有其他问题领域。在神经性厌食症中可见的典型关系主题密切影响了干预措施（见 3.3.1 关系模式）。（请注意：治疗师可以尝试向患者交流适应不良关系模式的焦点，以便患者自己可以在日常生活中检验其效度。）

要点框 7 用于关系焦点工作的干预措施

- 区分主观的关系体验（"你说的……究竟是什么意思呢？""我还没有完全理解你当时到底经历了什么……"）。
- 区分自我感知和他人感知（"在这种情况下，你感觉好像……我想知道 X 有何感受？"）。
- 确定个人行为的主动方面和反应性方面（"你的行为是出于恐惧，还是因为你想达到 X？"）。

- 部分地揭示个人的关系建构中的矛盾悖论（即神经性厌食症作为一个功能失调的模式，希望得到更多的关注和父母的关爱，尽管希望建立关系，但却害怕亲密，并在社会比较过程中表现出过分的从属行为）。
- 找出人际关系中循环往复的适应不良模式（自我实现预言），以及这种模式对自我感知的功能不良影响。
- 处理隐藏的愿望和恐惧（在治疗的高级阶段）。
- 在适用的情况下，探究患者与治疗师关系中的关系模式（即对移情进行解释，"是否可能是这样的——你很难在这里谈论 X，是因为你怕我不把你当回事？"）。
- 根据关系焦点，形成治疗目标和视角（即改变与他人的关系模式，"对于这些令人遗憾的病情复发，你能建议一个可行的目标吗？"）。

案例片段 7
对关系焦点进行工作

> 治疗师与患者应该讨论冲突性的关系。

治疗师：你妈妈是怎么让你如此生气的？

患　者：我很生气，因为在妈妈眼里，我做什么都是错的——我没有正确地养育自己的孩子；我的房子不够整洁；我应该感到羞耻，因为我太瘦了。

治疗师：嗯（表示肯定）。所以，我有一种感觉，就是无论你和妈妈谈论什么话题，你都会受到批评。

患　者：她对我妹妹就不那么挑剔。即使我和妹妹以同样的方式做某件事情，在妈妈看来也是不一样的。

治疗师：你感觉妹妹和你受到了不同的对待，那你如何向妈妈表达你的愤怒和不快呢？

患　者：在某些情况下，我有时能表达我的愤怒。就在昨天，我告诉妈妈，我们怎么做事与她无关。

治疗师：当你说这些话时，妈妈是什么反应？

患　者：她生气了，说"你不能再这样下去了"。

治疗师：当你像这样宣泄愤怒时，有怎样的感受？

患　者：一方面，我觉得自己可能有些过于直接，言辞也略显刻薄。我认为她对我的病感到羞耻。但另一方面，我觉得这与她已经无关了，因为这是我的生活，她不应该干涉我的生活。

治疗师：那么，你感觉如释重负，还是心怀愧疚？

患　者：事后，我确实感到愧疚。我有种冲动，想去妈妈家和她一起喝杯咖啡。到现在，我已经习惯了，一切都不复从前。我已经有一段时间没去她家了，对此我没觉得有什么，可我还是想去拜访一下——不是每天都必须去。但我知道，即使我再试一次，也不会有结果。

治疗师：你希望事情是怎么样的？

患　者：我希望妈妈学会接受我，接受我的生活，接受我所做的选择，希望她认可我努力抚养孩子的方式，希望她不要无休止地批评我。

治疗师：你跟妈妈讲过这些吗？

患　者：没讲过。

治疗师：为什么没讲呢？

患　者：哎，这种情况下，她就会大发雷霆。

治疗师：嗯，所以你担心讲给她听会引起更大的争吵？
患　者：我真的——真的情愿搬走，但是说起来容易做起来难。
治疗师：嗯，那就意味着你要搬离父母那里，从而创造一种物理层面的距离。
患　者：是的（疲惫地），但这可能也不会改变什么。
治疗师：你为什么让妈妈对你拥有如此大的权力？
患　者：嗯，我从没问过自己这个问题。
治疗师：在我看来，有一部分是你真的非常喜欢你的妈妈。如果妈妈突然走近你，并称赞你——称赞你在患病的情况下仍能处理好自己的生活，并询问你有什么是她可以帮助你的，你会有怎样的感受？
患　者：（变得很伤心并开始哭泣）我一直希望这真的能发生。

4.5.4　结构整合的水平

低水平的结构整合意味着患者无法使用基本的心理应对机制（见"3. 诊断"中的 OPD-2; OPD Task Force, 2008）。对于神经性厌食症患者，这些损害究竟是因为童年时期长期物质匮乏造成的，还是因为长期饥饿导致的，抑或是因为长期的内心冲突或发育迟缓（如神经性厌食症本身所引发的），这是一个悬而未决的问题。不管原因是什么，通常可以谨慎地假设，患者不能做某些事情是因为其疾病所导致的损害，而非（就像在冲突情况下经常发生的那样）因为患者潜意识里不想做这些事情。这就要求在长

> 低水平的结构整合需要一种较少面质的方法。

时间的治疗中采取共情的、支持的方法，而非采取面质性的方法。案例片段 8 中描述了处理结构性困难（如 3.3.3 结构损害）的几种可能的干预措施。

案例片段 8
I 女士的案例

I 女士 40 多岁，面容憔悴，她从年轻时就患有限制型神经性厌食症。在门诊就诊时，她的 BMI 为 $16\ kg/m^2$。她因体重极低而入院（入院时的 BMI 为 $11\ kg/m^2$），先前就医的诊所建议她接受进一步治疗。她目前的体重是 13 岁患病以来的最高值。尽管她一直处于 BMI 为 $15\ kg/m^2$ 的低体重水平，但她还是在医疗帮助下生了三个孩子。

与 I 女士的接触过程很困难。她控制着谈话，脸色苍白，毫无生气，经常在治疗小节结束前 5 分钟自行结束会谈。由于她的过度控制，任何对愿望或情感的灵活处理显然都被限制了。攻击性冲动被自我剥夺所抵制或被束缚在"受虐式的"过度运动中。她感到负担过重，承受着三个孩子、职业和家务带来的极大压力。此外，她的丈夫还经常出差。I 女士无法照顾自己，也不能接受她所需要的帮助。

在以下章节中（案例片段 9~13），我们将介绍案例片段 8 中描述的具体治疗小节，也会介绍一些干预措施，它们被用于处理情感体验与情感分化、冲动调节、自我价值调节、接受帮助及脱离等领域的结构缺陷。

案例片段 9
I 女士的案例：情感体验与情感分化

治疗师：体重曲线显示，在过去 3 个月中，你曾多次出现体重暂时下降 2～3 千克（4.5～6.5 磅）的情况。你还记得这些阶段有什么不同吗？

患　者：嗯，不，我不知道。

治疗师：这些体重下降的发生时间是否与你丈夫在海外出差的时间是重合的？

患　者：让我想想，是的，这和我丈夫出差的日期基本吻合。

治疗师：当我想到你不得不在丈夫出差在外时独自打理这一切，我会感到不堪重负。

患　者：但其实没什么区别，因为我丈夫总是工作到很晚，然后回到家就睡觉。

治疗师：嗯，考虑到你的进食行为，似乎还是有区别的。我认为看一下这种区别可能是什么，是很重要的。

患　者：我着实看不出有何联系。

治疗师：我感觉你在感到孤独和有压力的时候经常不吃东西，并且做大量的运动。

患　者：（疲惫地）我没留意过。

治疗师：也许对你来说，独立和自力更生，在没有外界帮助的情况下独自处理一切，是很重要的？我还记得另一位患者也有类似的情况。在治疗结束时，那位患者说她感觉轻松了，不用总是做"强者"，不用总是自己承担所有事情。多年来，她一直否认自己对他人的需要。她的人际关系有了亲密感，

> 她认为那是真正美好的东西。我觉得你也有一个内心的声音，就是希望得到他人的支持和亲近。

这个案例片段说明了患者缺乏对个人需求和压力的意识。这是一个经常在患者中可以观察到的情感回避与情感分化能力受限的例子。

> 处理情感恐惧是一项挑战。

鼓励情感体验与情感分化的有效干预包括：镜映情感；通过分享治疗师的体验或使用他人的例子来使情感可被触及；详细分析情境条件与进食行为之间的关联。以下对话摘录了说明这些干预措施的其他例子。

> 治疗师应该巧妙地质疑患者过度控制的自我调节。

案例片段 10
I 女士的案例：冲动调节

治疗师：现在，你的注意力完全集中在孩子身上，你没有意识到自己的愿望和需求。今年你会庆祝自己的生日吗？

患　者：是的，嗯。我看过日历，我的生日正好在一周的中间。但我不想提前邀请任何人，谁想到我的生日，可以来我家吃块蛋糕。

治疗师：如果你的一位好朋友忘记了你的生日，在生日那天没来拜访你或打电话给你，你会有什么感受？

患　者：嗯，我更愿意不知道谁没打电话，甚至不想待在家里接听电话。我不会生这个朋友的气，但我会马上想到："哦，天哪，她是不是把我忘了？"如果一个人在生日那天被记得，那真是太好了。唔，这对我来说一直是有点矛盾的。

治疗师：听起来，你正在体验两种相互冲突的需求。一方面，你想庆祝生日并邀请朋友来家里做客；但另一方面，你又担心自己会失望和受伤。

患　　者：你会庆祝自己的生日吗？

治疗师：现在你改变了话题，好像你很难和我讨论这个冲突？

患　　者：嗯，或许吧。

治疗师：那我们先处理你更熟悉的需求，可以吗？

患　　者：可以。

治疗师：你现在偏向哪个，庆祝生日还是不庆祝？

患　　者：不庆祝自己的生日。

治疗师：好吧，让我们来仔细看看这个需求，并尝试自己回答为什么你不喜欢庆祝？

案例片段10中的患者表现出难以实现自己与朋友一起庆祝生日的愿望。一般来说，神经性厌食症患者会表现出过度控制的倾向；因此，防御性的被增强的自我控制行为会抵消驱力愿望和情感。这影响并限制了患者与他人的互动和交流机会。干预的目的是推动患者去识别自身行动的意图，并可能揭示内心矛盾，促进患者内在妥协能力的发展。

案例片段11
I女士的案例：自我价值调节

治疗师应该识别和处理患者消极的内射。

患　　者：我现在想起来这句话："不适合生活。"我妈妈是这么说的，她说我不适合过好自己的生活。在某些方面，她是对的。

治疗师：这是一个从你妈妈口中说出来的刺耳观点。如果你今天听到这样侮辱性的话语——说你不适合生活，你会有何回应？

患　者：不适合生活也可能是指笨手笨脚，但我不觉得有多差劲。

治疗师：嗯，你妈妈的观点很直接，也很极端。

患　者：是的，我妈妈有时很严格、很挑剔。

治疗师：你内心是否也有这样类似的声音？对他人严厉而无情的声音？

患　者：（停顿）是的，我想是的。

治疗师：你能举个例子吗？

患　者：我想一下。公司有个秘书，我有时会对她失去耐心。这个秘书总是表现得很无助，什么事都要你解释一百遍，结果还不如你自己做来得好。她的人生怎么会走到这一步呢？其实，在我眼里，她不配，她就像个累赘，我们其他人都得拖着她。她甚至无法为一份工作整理出足够的纸张和信封，如果我是老板，我会让她滚蛋，我不会有任何顾虑。这可能听起来很残酷，但她的确白拿工资；我们其他人拖着她，她却什么也不做。我对爱占别人便宜的人没有任何同情心，你知道的，就是那种专门利用别人的人。

治疗师：你对自己和对他人一样严格吗？

> 患者应该学会用更现实的观点取代对自己和他人的消极信念。

由于早年经历过母亲的不认可和拒绝，患者表现出对母亲的消极内射。她表现出消极的自我概念和脆弱的自我价值体验。他人的行为要么被解释为强势和专横，要么被解释为不足和无能。治疗性接触应专门用于内化支持性的和积极的客体。这将增加对自我的积极感受，减少对他人的过度批判的感受，并减少自我批评。此外，治疗师还应检验患者消极的自我内省，并质疑其极端的非黑即白思维。进一步的干预目标应包括促进患者对羞耻感和不确定感的忍受性。

案例片段 12
I 女士的案例：接受帮助

治疗师：有些人可以接受帮助，有些人则难以接受帮助，你觉得自己属于哪一类？

患　者：我一直觉得自己在和他人互动，接受他人的帮助。但同事们却认为我完全是个孤僻的人，他们对我知之甚少。这着实让我大吃一惊，因为我对自己的评价并不像他们说的那样。

治疗师：当你和丈夫、朋友、同事互动时，你的行为是否有所不同？

患　者：嗯，我们就是这样啊。我对丈夫、同事和父母可能也是如此，但很明显，和不同人在一起会讨论不同的话题。你知道这是怎样的，当你知道一个人只喜欢听某件事，比如当你知道他非常喜欢谈论汽车时，你就会更乐意和他谈论汽车。

治疗师：你会将自己的兴趣、问题和想法传达给他人吗？

患　者：我是会对其他人感兴趣的。当有人对我说："跟我说说你自己吧，假期过得怎么样。"那我就会告诉他们一些关于我自己的事情，会说我的假期过得不错之类的。

治疗师：所以，你会在对话中表露自己是个怎样的人？

患　者：嗯，你知道，如果我能接到别人打来的电话，我会很喜欢。我喜欢有人对我感兴趣，我就会想："我一定要回报他。"这样打电话的人就不会受到伤害，也不会想她再也不会给那个自负的人打电话了，因为她甚至都不问我的感受。

治疗师：我察觉到，你一次又一次在人际关系中回避亲密，是因为害怕失去真实的自我。

> 患者应该被赋权允许亲近。

在案例片段 8～12 的治疗过程中，患者以一种非常单调和标准的方式描述了她与丈夫、朋友和同事之间的关系和接触情况。在人际关系中，她最感兴趣的是对方，但她避免吐露自己的个人观点或问题。通过这种神经症性的妥协，她能避免体验到亲近感和联结感，在她看来，亲近感和联结感是具有威胁的。无法表达依恋的一个基本后果是无法接受他人的支持和关怀。在治疗过程中，治疗师应探索患者与他人建立情感联结的可能性。为此，治疗师可以利用治疗关系和治疗设置之外可能进行现场暴露的社交情境。一个重要的抵抗恐惧的办法是去预测他人可能做出的反应。

案例片段 13
I 女士的案例：脱离

I 女士在母亲被诊断出癌症后出现了极度体重下降的危急状况。患者体重骤减，BMI 降至 $14\,kg/m^2$ 以下，暂时需要进行一段时间的临床治疗。经过两周的住院治疗后，I 女士的身体状况逐渐稳定，之后恢复了门诊治疗。

从表面上看，I女士似乎不需要他人。然而，她对像母亲这样的支持性客体有着涉及存在的依赖。失去母亲的预期性恐惧是如此强烈，以至于无法再使用积极的内在客体来调节这种恐惧，也无法对别人提供的帮助做出适当回应。她的反应是厌食症状复发。这场危机代表了治疗中的一个重要阶段，在这一阶段中，抑制恐惧情感被悲伤体验和愤怒体验所取代。这有助于提高患者的情感能力和情感调节能力。

一般来说，对神经性厌食症的治疗包括修通即将到来的发展阶段，同时处理和重构恐惧。在这一过程中，目标应该是在情感暴露和资源导向之间取得平衡。上述干预措施可应用于具有中等水平结构整合的患者。暴食/清除型患者有时会表现出低水平的结构整合，正如在情绪不稳定的人格结构中所发现的那样。结构水平方面的问题可能会被体重极度低下的后果和相关的情感水平所掩盖。在治疗这些患者时，临床工作者应采取一些干预措施以处理严重结构紊乱患者的具体情况。在这方面，我们可以参考有关人格障碍治疗的心理动力学治疗要素的文献（Clarkin, Fonagy, & Gabbard, 2010）。

4.6 结束阶段

在实施基于时间的焦点心理动力学治疗的过程中，人们往往会高估其带来的局限性。我们对这种误解的体验在

ANTOP 研究中得到了证明。在整个研究过程中，对超过 1/3 的患者来说，40 次治疗的时长和次数是足够的。重要的是，从一开始就接受这种局限性，并在制订治疗计划阶段就考虑到这一点（我们称之为"从结束点看治疗"）。

4.6.1 基本治疗立场

在治疗结束时，治疗关系和治疗工作联盟对神经性厌食症患者来说是一种重要的关系体验。在积极的治疗关系框架内，许多患者第一次放弃了在社交上与所有关系保持距离的做法，并更加信任自己，也保留了自己的需求和愿望。因此，治疗的结束不可避免地会引发对分离和丧失的恐惧，有时（但绝非每次）会伴随厌食冲动的再次增强。那些在治疗的中期阶段就已浮现并得到处理的核心关系冲突主题（如分离恐惧），会在新的情境中再次显现。如果那些被遗弃的痛苦感受、对分离的愤怒和失望感是被允许的，那么它们就可以被用来支持独立性的发展。在此背景下，至少应为结束阶段保留 12 次治疗。

> 在治疗结束阶段，分离的恐惧和被抛弃的感受会被重新激活。

因此，治疗的最后阶段涉及促进自主性和个人责任感，同时继续处理核心关系主题。在治疗的结束阶段，患者难免会怀疑自己能否在没有治疗支持的情况下保持新的行为。治疗师传递的隐含信息应该是对患者的信心。此外，治疗师还应特别提及患者在治疗过程中取得的成功和积极发展，以支持患者的成就感，并提高患者对未来的积极期望。

> **干预示例**
> **结束治疗**
>
> 治疗师：你是否正在体验这种感觉，似乎治疗结束自动意味着你又退回到过去的无助中？
>
> 治疗师：去年假期（节假日）没有进行治疗时，你的体验是怎么样的？你有什么样的感受？

临床锦囊　结束阶段的治疗立场

> 通过愿意"放手"来促进自主；讨论分离和离别，进行道别。

4.6.2　稳固新技能

治疗即将结束时，治疗师和患者都会面临一些总结性问题，例如：最初拟定的治疗目标完成得怎么样？总体目标的实现达到了什么程度？结束阶段的总体目标应该是稳定和巩固治疗成果。治疗师应该增强患者对新发展的结构的自信心。即使是微小的成就，也应被恰当地识别出来。在这个思路上，督导师的视角有助于识别这些微小的成功，因为督导师是间隔一段时间观察治疗的，个人的卷入也较少。在回顾时，治疗师应提及已经在治疗过程中处理的关键时刻和患者的体验，以及描述这些关键时刻和体验在塑造新体验方面所起的作用。另外，我们还建议治疗师要把对以往应对策略和冲突模式的修正视为走向成熟和新方向的步骤。为了增强患

最初拟定的治疗目标应是与患者相契合的。

者的自我效能感，治疗师应将特定目标和次级目标的实现归功于患者。最后，处理那些尚未达成的目标并为治疗后几个月确定具体步骤，是结束阶段的重要工作。

> **干预示例**
> **对成就的赞赏**
>
> 治疗师：把你今天的反应与 1 年前你的情况相比，我注意到……

4.6.3　将新技能应用于日常生活

在治疗接近尾声时，患者可以利用会谈之间较长的间隔来尝试自主发展的步骤。即将到来的任务和当前现实生活中的问题都成为关注的焦点。在预期治疗结束时，治疗重点应放在具体实施和检验新获技能上，还有对相关问题的处理上。在没有治疗设置支持的情况下，患者要学会将从治疗师那里获得的体验整合到日常生活中。治疗师应有意识地鼓励患者使用自我管理技巧，要计划和讨论治疗后患者的职业安排与个人安排。

治疗师应加强患者的自立能力。

4.6.4　预测复发

除了结束阶段的其他事项外，治疗师还应该预测和讨论可能的疾病复发。关于如何处理这些主题的建议包括：
- 识别关键状况。

- 总结有益的策略。

可以与患者一起回忆其过去疾病复发的状况，通过观察这些状况，可以草拟一个模型（功能图式），以描述导致复发的患者个人体验和超越个人的体验。对复发状况的分析表明，复发前往往有一个时间框，在此时间框内，患者的情绪和行为的变化是很明显的。所以，治疗师应该让患者对这些复发的早期迹象保持一定敏感度。

治疗师应根据患者过去的体验，讨论处理复发的有益策略。基于应对策略的有用性和复发是否对自身造成额外伤害，来对这些策略进行评估。如果结论是之前的尝试已经失败，治疗师可以积极帮助患者寻找和尝试新的应对机制。

在很多情况下，神经性厌食症是一种病程漫长且棘手的疾病——尽管绝非所有病例都是如此（Zipfel et al., 2000）；因此，重要的是，要告诉患者，复发往往发生在遇到困难的生活任务时。患者必须发展出责任感，这意味着在复发后尽快恢复到健康的策略和行为模式上。如果在治疗结束前患者的情况仍不稳定，那么在患者的社交网络中找到可以联系的人可能是权宜之计，以便在神经性厌食症复发时能与这些人取得联系（复发并不一定意味着体重减轻）。一个额外的安全网络可以是与全科医生沟通患者的体重界限，当患者的体重低于这个界限值时，可以商定重新进行治疗性的咨询。

> 治疗师应主动讨论如何处理复发的问题。

4.6.5　症状的持续

迄今为止，针对治疗结束阶段的治疗性管理都是假定治疗基本成功或部分成功。如果体重增长仍停滞不前,或者患者仍无法独立调节健康饮食,那么结束治疗时就需要采取不同的措施。

> 治疗师应处理患者对未实现目标的失望。

治疗师应扮演"有帮助的同伴角色",以表达对患者的声援和支持。在预期治疗结束的情况下,仔细构建进一步的组织过程,具有最小化恐惧感和避免无助感的功能。与患者讨论是否有必要继续接受门诊、日间治疗或住院治疗,确定患者的社会网络中可能的支持结构,包括咨询师和支持性机构。这种以资源为导向的方法还包括识别和鉴别患者的内在资源。

在这一治疗阶段,不应分析与自我怀疑、放弃或针对治疗师的攻击性冲动相关的情感;相反,应该采取一种改良的治疗立场。形象化地来说,治疗师应该站在患者身边,扮演指导者(或教练)的角色,与患者一起检查并关注与治疗结束有关的任何感受、想法和冲动。

4.6.6 随访照护

神经性厌食症是一种慢性化、风险高的心身疾病。尽管进行了强化治疗,但许多患者的症状仍持续存在(体重恐惧、限制进食、过度耐力运动、清除行为、暴食发作等)。治疗结束后,对于那些身体状况稳定的患者,无论其症状是否完全持续存在,我们都建议其至少中断治疗3个月。治疗间歇期使得患者可以在日常生活中练习新行为和实施新技能,这也让患者有机会利用在治疗中学到的技能来积累经验,并看到治疗对其生活的影响。此外，如果治疗是无缝延续的，那么与丧失和告别有关的感受就会被回避掉。通常，最大、最显著的行为改变发生在治疗结束之后，因为这时患者可以开始自主行动，充分意识到其对自己的责任。建议全科医生在治疗后对神经性厌食症患者进行至少 1 年的监测（实验室指标、体重、进食行为、社会心理健康指标）。通过这种方法，可以及早发现疾病复发，并在必要时启动继续治疗。在门诊治疗后的第 1 年里，间隔时间较长的增效治疗（booster sessions）不仅可以重新激活治疗主题，还能促进对问题和挑战的处理。如果患者在结束阶段出现症状加重和体重急剧下降的情况，则需要进行额外治疗。如果在治疗刚结束后出现症状加重和体重减轻，也需要进行额外治疗。

下面（要点框 8）概述了治疗的各个阶段和每个阶段的核心主题。

即使治疗取得成功，神经性厌食症患者也需要在治疗结束后的 1 年内接受持续监测。

要点框 8 治疗阶段和主题概述

初始阶段（约至第 15 次治疗）：
- 根据 OPD-2 进行心理动力学访谈，得出治疗焦点。
- 解释治疗内容的设置和结构。
- 确定治疗框架。
- 设定治疗目标。
- 发放营养指南。
- 建立治疗关系。

- 致力于激发治疗动机和对疾病的内省力。
- 讨论厌食行为的自我协调性。
- 聚焦于自我价值和自我接纳。
- 激活资源和采用支持性的工作方式。
- 详细描述进食行为、人际关系动力学和相关情感之间的联系。
- 纳入家庭成员——与家人或伴侣的目标会谈。

中期阶段(约至第 30 次或第 40 次治疗):
- 确定治疗方法(更聚焦结构、更聚焦冲突、结构与冲突并重聚焦)。
- 聚焦于引导问题激活。
- 对人际关系焦点进行工作。
- 聚焦情感-情绪体验。
- 实施干预来稳定结构性薄弱点。

结束阶段(约从第 30 次或第 40 次治疗开始,一直持续至第 40 次或第 50 次治疗):
- 主动引入结束治疗的问题。
- 平衡治疗,稳定成果。
- 实施并试验新的行为。
- 讨论未实现的目标。
- 确定治疗后的具体发展目标。
- 预防和处理复发。
- 规划治疗后的职业和个人行动方案。
- 建议治疗后照护,并酌情建议随访治疗。

4.7 程序性挑战

在治疗神经性厌食症的过程中，危机和问题往往是常规出现而非偶发的。因此，治疗师应考虑到会出现不可避免的突发危机，以下介绍了相关指南和有用的策略。

体重增加会导致所有强烈情绪的重新激活。在这一阶段，偶尔会出现反应性地表达这些被激活的情绪的风险（如自伤行为、过度耐力运动等）。起初，体验到这些情感会伴随完全失控的感觉，这种失控感会被患者抵制和压抑（也就是说，没有任何感受才是完美的状态）。此外，体重增加还体现了一种对放纵的付诸行动和一种自我决定的丧失。允许满足个人需求，如营养、安全感、性和关爱，就等于放弃对厌食的身份认同，同时也对自我功能产生威胁。

> 在治疗神经性厌食症的过程中，危机和问题往往是常规出现而非偶发的。

4.7.1 强烈的矛盾

- **可能的干预措施**：对比患者人格中使疾病持续的成分和使疾病改善的成分（这可能会使患者更加自我接纳，甚至接纳其人格中较为叛逆的一面）。

4.7.2 设定体重目标（当患者无法设定目标时）

- **可能的干预措施**：对人格的不同部分进行工作，如"你不希望体重增加的那个部分会有什么样的体重目标";澄清痛苦的情感,如"如果你为自己设定一个体重目标,你的担忧是什么,你认为会发生什么";探索对承诺和放弃厌食的恐惧;定义基本的选择自由。

4.7.3 当患者不放弃厌食行为(即使负面后果升级)时

- **可能的干预措施**:尝试找到一种游戏性而非对抗性的方法;鼓励患者自己提出可能的解决方案,而非由治疗师来提供。

4.7.4 治疗中的体重降低,尤其是对于体重操纵

- **可能的干预措施**:划定界限,同时对体重增加引发的恐惧表示理解;讨论与治疗有关的回避(因为在这种情况下讨论的唯一话题就是体重);讨论患者对自己和治疗师的"内疚感"。(注:BMI $<$ 14 kg/m^2 表示需要紧急住院治疗。)

4.7.5 新出现的贪食行为

- **可能的干预措施**:识别触发贪食的情境、人际互动和情感;通过发展替代性策略来增强冲动控制;避免将反移情(如失望、愤怒)付诸行动;识别新激活的恐惧;使用隐喻和图片来建立与关系动力学焦点的联系。

4.7.6　自伤行为

- **可能的干预措施**：在确定触发情境的过程中，建议治疗师对自伤采取一个共情但明确的立场。治疗师应强调自伤与治疗设置（即接管并加强患者的自我关照）是不相容的。重要的症状导向行动，是签订治疗师与患者合作实施的协议（如防止自伤行为的协议）。

4.7.7　医疗并发症（如脱水）

- **可能的干预措施**：与对饥饿引起的医疗并发症有经验的同事密切合作，以便及时处理任何不利事态的发展。

4.7.8　他人的干涉（如家人）

- **可能的干预措施**：如果患者无法与原生家庭建立界限，无法反思自己的角色是不切实际表现要求与理想的承载者及调节者，那么可以尝试对家庭开展"间接干预"工作。

4.7.9　处理住院指征

- **可能的干预措施**：从治疗一开始，重要的是为体重和需要紧急住院治疗的医学症状设定界限。在不中断治疗关系的情况下，治疗应始终遵守这些严格的界限。

> 在治疗开始时，应明确门诊治疗的最低体重界限。

4.7.10 过度耐力运动

以一种近乎强迫性的方式进行过度运动，可能会妨碍与体重增加相关的治疗目标，所以最好在治疗初期就处理该问题。此外，治疗还应考虑到过度运动导致的躯体并发症和骨密度降低（Herzog, Minne, et al., 1993; Zipfel et al., 2001）。

- **可能的干预措施**：在这方面，治疗也可以采取以症状为导向的措施，以患者和治疗师签订协议的方式实施。体育锻炼应减少到与患者当前体重和每日卡路里摄入量相适应的水平，同时建议进行增强肌肉和预防骨质疏松的运动，并且应避免慢跑等典型的耐力运动。

4.8 辅助治疗

4.8.1 精神科药物辅助治疗

> 迄今为止，没有证据表明精神科药物对体重增加有疗效。

美国精神病学协会和 NICE 的进食障碍指南（APA, 2006; NICE, 2017）认为，以往的随机对照试验（randomized controlled trial, RCT）无法证明在心理治疗的基础上额外使用精神科药物能带来显著益处。因此，目前还没有精神科药物被批准用于以体重增加为特定治疗目标的神经性厌食症治疗。共病其他精神障碍时，医生可根据特定疾病的治疗指南进行用药。不过，在此有必要提及的是，当患者体重增加，抑郁症状和强迫症状也会改善。此外，选择性 5-羟色胺再摄取抑制剂（selective serotonin reuptake inhibitors, SSRI）在极低体重和色氨酸摄入量不足的情况下似乎抗抑郁效果有限。

　　不过，在某些情况下，在治疗过程中使用药物也很重要。例如，当抑郁严重发作并伴有睡眠障碍时，应讨论使用抗抑郁药治疗的重要性。此外，严重的强迫行为可能会明显阻碍体重增加，而辅以精神科药物则可能有所帮助。另一类可能受益于支持性药物治疗的症状是任何形式的自伤行为。应特别注意精神科药物对心血管方面的副作用，因为这与延长心电图 QT 间期的药物尤为相关。

4.8.2　辅助摄入高热量膳食补充剂

　　患者摄入高热量膳食补充剂可能会有所帮助，特别是在治疗初期的再喂养阶段，由于长期禁食和体重过轻，胃肠道功能不足以承受正常量的食物。许多患者报告在消化过程中会有腹胀、腹痛等不适感。在这一阶段，高热量膳食补充剂可以通过零食的形式提供必要的热量，从而支持增加体重的目标。这些补充剂最好在治疗的再喂养阶段使用。患者的目标应该是逐步增加营养摄入，以便最终停止使用能量补充剂。

5. 案例

下面将介绍一些针对不同类型神经性厌食症的案例研究。

P 女士，26 岁，神经性厌食症，暴食 / 清除型

26 岁的 P 女士患有暴食 / 清除型神经性厌食症。在心身医学科门诊接受初步访谈后，她同意在 ANTOP 研究框架内接受治疗。

心理动力学访谈

一位身材苗条、穿着优雅修身的高个子女性前来接受治疗。刚开始时，她表现得举止轻浮，但能明显察觉到她内心极度不安。在初始的治疗小节中，这一状况对她造成的心理压力并未立即显现出来。治疗开始时，她的体重为 50 千克（110.2 磅），身高为 171 厘米（5 英尺 7.3 英寸）

（BMI 为 17.1 kg/m²）。

P 女士报告称，她的进食障碍始于 15 岁时的限制性进食行为。当时她的起始体重是 58 千克（127.9 磅），之后她的体重开始下降，直到 47.5 千克（104.7 磅）。此体重保持了很多年，直到去年，她的体重再次下降到历史最低点，只有 40 千克（88.2 磅）（BMI 为 13.7 kg/m²）。之后，在大约两年里她发展出了明显的暴食/清除症状。患者称每天都会有多次暴食/清除行为发作，不仅发生在白天的工作场所，也发生在男朋友不在家的时候。当被问及进食障碍的可能诱因时，P 女士说她在那个阶段参加了游泳队，但她觉得自己被年长的女队员们排斥在外。

关于治疗动机，P 女士报告说，男朋友是她寻求治疗的决定性因素。在男朋友的支持下，她的体重从 40 千克增加到目前的 50 千克。在增重阶段，男朋友每天都监测她的体重，并鼓励她继续增重。在体重增加到 50 千克时，她注意到自己已经触及了身体内部的壁垒，仅靠男朋友的帮助已无法再克服这种障碍。P 女士报告称，她一直存在对食物、体重和体形的先占观念。

P 女士报告说，她在 17 岁时第一次参加了神经性厌食症门诊治疗，每周一两次。她只接受了 5 个月的治疗就提前终止了治疗，因为她觉得自己的症状没有改善。

在职业方面，P 女士从事市场营销工作。基于大学的学习情况，她在接受培训的公司获得了一个职位，并且现在仍在同一家公司工作。在过去的 6 年中，她的感情状况很稳定，并一直与男朋友同居。

P 女士报告说，她和姐姐一起在原生家庭中长大。外祖母住在她父母家的一间小房间里，外祖母是 P 女士重要的情感慰藉。外祖母就像 P 女士的第二个母亲，P 女士会把自己的一切都告诉外祖母，外祖母也一直陪伴着她。6 年前，P 女士搬出了父母的房子，开始和男朋友一起租房住。搬出去后不久，外祖母就病倒了，且需要护理照顾，并于 3 年前去世了。

P 女士报告说，她母亲的怀孕过程非常艰难。在 P 女士的姐姐出生前，母亲曾两次流产。而母亲怀上 P 女士后，在临近分娩日期时发生了"骨盆骨折"的问题。（推测可能是指骨盆环松动；P 女士不清楚背景信息或具体时间框架。）P 女士的分娩过程顺利，未出现任何并发症。P 女士的父亲一直想要四个女孩（在他心里，四个女儿就像"风琴管"一样，一组排得整整齐齐的）。在母亲第二次生产，也就是 P 女士出生后，母亲必须进行妇科手术，这阻碍了母亲继续生育。

P 女士形容自己与母亲的关系是很有问题的。母亲经常喜怒无常、大声叫嚷，对她自己和其他人都不满意。母亲一直把厨房当成自己的地盘。P 女士回忆起和外祖母一起烤饼干，她害怕弄脏母亲的厨房。P 女士有一个非常悲伤的记忆，那就是母亲经常偷偷地把她为母亲制作的礼物扔进垃圾桶。P 女士的父亲是一名中学教师，在她的描述中，父亲是一个充满爱心、诚挚的人。父亲的观点很保守，主要关注安全和个人成就。不过，P 女士对童年也有美好的回忆。P 女士的父母非常支持孩子的业余爱好和课外活动，"他们真的是不遗余力"。在童年时期，P 女士表现出了高度的适应性行为。但是，随着进食障碍的出现，她与父母的冲突开始增多。P 女士将自己的进食障碍和自我催吐的问题隐瞒了两年多时间。当父母最终发现女儿存在暴食/清除问题时，他们非常失望，认为这是对他们信任的背叛。P 女士与姐姐存在同胞竞争关系，她比姐姐更成功，更注重成就。不过，在 P 女士 16 岁左右时，她与姐姐的关系开始改善，目前她描述姐妹俩的关系良好。

选择一个焦点

P 女士在一位严厉、强势、经常批评的母亲身边长大。母亲似乎对女儿采取了一种社交疏远的态度。因此，外祖母成了 P 女士最重要的心理上的父母，她从外祖母那里体验到了安全感、鼓励和接纳。此外，与大她两岁的姐姐之间的同胞竞争也影响了家庭氛围。被同龄人排斥的经历，再加上对成熟的恐惧，可能导致 P 女士在 15 岁时患上进食障碍。从那时起，P 女士与母亲关系中的观念冲突和自我主张，在进食障碍中得到了表达。就冲突的中心主题而言，P 女士很可能存在自我价值冲突，以及希望自给自足与需要照顾之间的冲突。在这两类冲突中，主要的处理模式是主动的模式。

与强势且冷漠的母亲的关系体验，以及与姐姐的竞争体验，塑造了 P 女士的主要互动模式。这两种体验都转移到了其同伴关系中，造成了现在的社交孤立。除了男朋友，P 女士没有任何朋友。她与男朋友紧密绑在一起，成为唯一能让她接受的关系，但她却很难表达自己希望得到鼓励、接纳和安全感的愿望。这种动力学反映在 P 女士的关系模式中，她利用自己的进食障碍来获得男朋友的关注。在结构诊断中，P女士在所有轴上都表现出中度到高度水平的结构整合，这也是为何治疗师要选择以冲突为导向的治疗方法。

治疗初始阶段

在治疗的前4周达成维持体重的协议，尤其有助于患者和治疗师建立人际联系，这也能减轻患者在治疗初始阶段的压力。在治疗开始时，P女士非常关注体重及其日常变化。她感到非常不安，因为她无法知晓体重变化与食物摄入量之间的联系。此外，她还因对身材的想法和感受而感到恐惧。她抱怨自己的体形比例失调（如"上半身太瘦骨嶙峋，下半身太有曲线"），她还抱怨负面的身体感受（如"当我的大腿相互摩擦时，我有一种恐惧的感觉"）。在治疗早期阶段，治疗的立场是提供一个安全的框架和结构（即"站在患者的一边"），这被患者体验为是支持性的。

在治疗期间，治疗师与患者一起对暴食发作前的想法和感受进行系统的分析。此外，还使用心理教育来建立规律的饮食结构。治疗手册中有关以自我价值体验为中心的建议很有帮助。在分析P女士与男朋友的关系时，能看出她对男朋友表现得非常顺从，并会顺应男朋友的意见。P女士和治疗师一起识别了这种行为，治疗师鼓励P女士增加对冲突的接受度，并以更开放的方式向男朋友表达自己的愿望和需求。P女士的自我价值体验和暴食发作之前的抑郁或无聊等负面情绪（它们可能也是导致暴食发作的原因）也被识别出来。

此时，P女士的工作情况发生了变化。她所在的部门被解散了，她不清楚能否继续在这家公司工作。令人惊讶的是，在治疗过程中，P女士有很长一段时间没有意识到工作环境的压力和情绪紧张常常导致她在工作场所暴食。正是在这种情况下，P女士的完美主义和将负面情绪转移到补偿性进食的行为，才变得清晰起来。由于P女士正处于申请新工作的阶段，所以治疗的焦点是她的自我价值体验和当前的资源。P女士越来越能够区分自己的情感体验，并允许自己有情感体验。然而，她每天的暴食发作和她对体重增加至50千克"上限"的恐惧——更具体来说是她对体重增加过多、过快的恐惧，并没有多大改变。根据手册，在这一治疗阶段，结构框架应增加关于P女士每天称体重次数的建议，且每周需增重500克（1.1磅）。此外，还应开展强化工作，以增强P女士对冲动的控制，并发展她在压力情况下的替代行为。

渐渐地，P女士发展出了识别影响其进食行为的人际特质的能力。通过处理在工作中或与男朋友之间的大量人际关系事件，P女士清楚地认识到，她常采取利他和助人行为。她很难反对或反驳别人，因为她觉得不可以把自己的需求和愿望强加给别人。P女士越能展现出自己是有着兴趣爱好和情感表达的完整个体，其暴食发作的频率就越低，整体状况也就越好。P女士和治疗师共同发现了她在人际关系中的周期性行为模式，这促使她在人际互动中尝试替代行为。

治疗中期阶段

在治疗中期阶段对关系焦点进行工作时，对调节情绪的心理动力学干预技术的描述至关重要；例如，加强情感体验的技术（如允许情绪的存在，提供情感宽慰），以及帮助患者与强烈情绪保持距离的策略。

P女士越来越能够表达对治疗的信任，并通过坦然哭泣来接纳自己的悲伤。她逐渐清晰地明白，她最害怕的事情之一是男朋友可能会离开她，"如果他知道我的真实情况，他会与我分手"。因此，对P女士来说，邀请她的男朋友而非父母来参加家庭会谈是很重要的。

P女士的伴侣在情绪上承受了极大负担，他在伴侣会谈开始时非常直接地说："如果知道是这种情况，我就不会开始这段关系了！"他显得困惑而无助，同时又担心他的女朋友。在伴侣会谈中，重点是对他在支持P女士处理进食障碍方面所做的出色工作表示赞赏。他认真地帮助P女士将体重从40千克增加到50千克。不过，他也承认，既要照顾女朋友，又要兼顾自己的兴趣爱好，这是一个需要平衡的问题。在治疗谈话的过程中，集中的工作是关于发现和培养伴侣共同感兴趣的话题，而非进食障碍话题。此外，治疗师还重申，P女士目前正处于严密的结构化治疗监控之下，这也减轻了男朋友关注病情进展的压力。P女士在下一次治疗前掉了2千克体重（4.4磅），以此回应治疗师密切关注她在这段关系中的依赖性和独立性。

在P女士开始新工作后，另一个压力源出现了。很快她发现，在新工作场所，先前适应不良的人际关系正在重演。从一开始，她就对自己提出了很高的要求——即使没有经过专门的培训，她仍期望能把工作完成得令所有人满意。由于担心达不到要求，她避免通过工作培训去寻求帮助或任何支持。她对达不到新要求的恐惧，导致她在工作场所的暴食发作增加。对 P 女士进行集中的工作是可能的，以使她能够在新工作中坚持自己的主张，发展出处理错误行为的策略，并找到方法去向"令人讨厌的"同事寻求帮助。这些成功的体验减少了她暴食发作的频率，并维持了体重增加的目标——P 女士现在每周持续增重 200 克（0.4 磅）。体重增加的同时，她对自己身体的不满也在增加，这点也被详细地讨论了。P 女士对自我的选择性感知和对他人的感知之间存在差异，根据手册的建议，这点被用来分析她对自己身体的不满。P 女士的男朋友、父母和同事都给予了她鼓励性的反馈，这让她感到很受支持。不仅 P 女士的体重增加了，而且她成功地避免了更多的自我催吐发作。

治疗结束阶段

在 P 女士的康复过程中，她与男朋友的关系又出现了新的问题。P 女士开始忙于筹备婚礼和组建家庭的计划。正因如此，她的男朋友承受了极大压力；同时，他对 P 女士的感情变得不确定了。他们关系的举棋不定和治疗即将结束，都激活了她对脱离的恐惧。因此，附加的治疗过程聚焦于发展自我肯定和自主性。在治疗接近尾声时，P 女士成功地处理了人际关系中的冲突，并提出了棘手的情感话题。及时为治疗结束做准备，能留出时间处理患者的恐惧和疑虑。P 女士担心自己是否有能力保持已达到的目标——已在多个治疗小节中讨论过这个问题。这一过程增强了 P 女士的自我效能感。经过 40 次治疗后，治疗得以顺利结束。很明显，P 女士从治疗中获益颇丰。治疗结束时，她的体重为 57 千克（125.7 磅）（BMI 为 19.5 kg/m²）。

R 女士，19 岁，神经性厌食症，限制型

R 女士，19 岁，大学生，著名管弦乐团的大提琴手，因限制型神经性厌食症而来到心身医学科门诊。她称自己的目标是通过参加 ANTOP 研究来接受治疗。私人执业的一位同事向她推荐了这项研究。

心理动力学访谈

一位打扮整洁、衣着时尚、看起来比较年轻的患者，前来接受心理动力学访谈。她说话流畅且富于表现力，她柔和的五官与瘦弱的身体形成了鲜明对比。一开始，她表现出来的是在寻求帮助，但同时又保持着超然和审视的态度，可能因为她担心自己够不上参与本次研究的标准而被打发走。从情绪的角度来看，她有着明显的悲伤和对未来的恐惧。

治疗开始时,她的体重为 45.8 千克(101.0 磅),身高为 167 厘米(5 英尺 5.8 英寸)(BMI 为 16.4 kg/m²)。她目前的体重在过去 6 个月中一直保持稳定。14 个月前,她的体重达到了成年后的最高值,为 55 千克(121.3 磅);7 个月前,她的体重最低,仅为 44 千克(97 磅)。她通过限制进食来减重,即每顿只吃很少的东西,不吃禁忌食物,同时进行中等强度的体育活动。由于体重极低,她在过去几个月里一直没有参加体育运动。她的思绪总是被食物占据着,这让她很烦恼,但还没影响到她在学校的表现。她本想要增加体重,并且有时看到镜子中自己是瘦的,但有时又不是这样。她最初意识到自己的进食障碍是因为和她最好的朋友发生了争吵,朋友因为她的体重不断下降而以"对抗的方式"对她。朋友指责 R 女士冷酷无情。因为这次争吵,她们的友谊破裂了。R 女士觉得自己被欺骗和误解了,因为她只是不想让朋友知道有关她体重问题的令人讨厌的细节。她既找不到进食障碍的诱因,也无法确定疾病的起始时间点。在过去的 1 年里,她一直闭经,这让她非常困扰,她认为这是一种"疾病征兆"。此外,她还担心将来无法拥有一个家庭。她在总体上没有愉快感,自从 3 个月前搬出父母的房子后,这种情况才稍有改善。最初(在她搬离家前不久),门诊治疗以失败告终,因为治疗师认为她对疾病缺乏内省力,无法继续治疗。

R 女士在一个小镇长大,与亲生父母和小 5 岁的弟弟住在一起。父母都有学位,是在国外留学时相识的。父亲(50 岁)在经过一系列出色的晋升后,成为一家知名公司的执行经理。母亲(52 岁)从西班牙移民过来,在生第二个孩子（R女士的弟弟）前，在事业上也很成功。弟弟出生后，母亲就成了全职太太。因此，R女士是在两种文化的双语环境中长大的。小学期间，她曾因为自己的西班牙血统而受到骚扰（"西班牙人很臭"）。她在南方的成长经历围绕着传统而严格的价值观，比如尊重和礼貌，但同时也是纵容和随心所欲的。父亲总是沉浸在"20世纪60年代"那种自由奔放的氛围里，认为孩子在成长中首先需要自由。成就对其父母来说都很重要，但父母在其他大多数育儿问题上却意见不一，这经常造成家庭中的紧张、压力和挫败，尤其是母亲经常责怪父亲。母亲一直希望有一个快乐的家庭生活，在孩子们还小的时候，母亲非常快乐。另一方面，父亲在职业生涯中已经功成名就，现在只想过得开心并"永葆青春"。随着两个孩子逐渐独立，母亲不得不重新定位自己。两年前，母亲开始在西班牙攻读第二个学位，并经常飞往西班牙去完成课程。但由于年龄比较大，她很难在家乡附近找到实习岗位。至于R女士的弟弟，在经历了相当大的学业问题后，去寄宿学校读了几年书。弟弟的懒散行为把父母都逼到了极限。显然，弟弟已经"被分析"过很多次，并得到了课外辅导老师的大力支持。R女士形容弟弟是一个"活泼开朗、不急不躁的人"，同时也是一个敏感且善于表达的人，姐弟俩感觉彼此很亲近。

从很小的时候起，R女士在父母之间扮演着纽带（或调解人）的角色，她强烈要求维护家庭内部的团结。R女士觉得自己与母亲特别亲近，与母亲有类似的情感和天真，这让R女士很脆弱。同时，R女士觉得自己有一心一意和坚持不懈的精神，这又与父亲的性格类似。R女士很有抱负,做事也尽心尽力。她是音乐学校的毕业致辞代表,曾在一个著名的管弦乐团中演奏大提琴,并在多个委员会中兢兢业业地工作,喜欢打壁球和越野跑。

有关青春期的身体发育和特定年龄的兴趣方面,R女士称自己"非常迟钝"。11年级(高中二年级)时,她参加了一个为期3个月的法国交换项目,经历了与同龄年轻人的第一次亲密接触。她本想在法国多待一段时间,但父母却因为经济原因把她叫回了德国。其实,真正的原因是,母亲依赖母女之间的亲密关系,因为分离而感到孤独。而父亲却没注意到这点,因为父亲总是出差在外。就在9个月前,经过1年的恋爱后,R女士与第一个稳定交往的男朋友分手了,因为她觉得自己"无法顾及所有的关系了"。高中毕业,再加上家里的混乱,R女士压力很大,导致男朋友觉得自己是一个临时替代品。之后的很长一段时间里,R女士都在为分手而悲伤。男朋友的体贴让她感觉很好,因此她对父母的依赖也减少了。虽然朋友们已经"分散到世界各地",但她仍与家乡两位女性好友维持着友谊。

3个月前,当R女士开始上大学时,她和其他同学一起合租了一间公寓。大学生活的自由让她有一种解脱的感觉,特别是因为去年在家里的日子非常艰难。R女士的父亲与住在另一个城市的年轻女性开始了一段恋情,这位女性也才刚开始上大学。在告诉妻子之前,父亲先向她透露了这段关系。过去,父亲经常以分居来威胁妻子。母亲最终迫使父亲做出选择,没想到他真的选择离开家庭。在R女士去上大学之前,父亲搬了出去,他现在住在德国南部的一个城市。在父亲搬走之前,母亲已经处于一种"比之前都糟糕的状态",行为举止就像"小孩子",不吃东西,整天哭泣。R女士一直担心母亲会自伤,但令R女士感到松了一口气的是,母亲目前正在接受住院心理治疗。

选择一个焦点

R女士在一个稳定且富裕的环境中长大。她父母不同的文化背景、性格特点(自由派与南方传统派),以及父母之间因差异而产生的持续紧张关系,都对R女士的家庭氛围产生了影响。在R女士的成长过程中,成就动机、承担责任、社会存在感和接受度也发挥了重要作用。由于父母是间接沟通的,所以R女士扮演了中间人的角色。她很早就认同了细心、情绪化、容易受委屈的母亲,而母亲则被父亲野心勃勃、自私自利的生活方式所压抑。R女士试图模仿父亲,争取父亲的认可。

R女士的神经性厌食症是在她11年级的交换生经历后不久开始的。这是她第一次离开父母的家,母亲对此不能很好地应对。随后的脱离过程(第一个稳定的男朋友、高中毕业、开始上大学)是在巨大的压力和矛盾中进行的。与此同时,R女士的父母也面临着各种生活危机。这些危机最终导致了父母分居,以及母亲深度的抑郁和自杀倾向。R女士的成长过程不再有父母的陪伴,因为父母正忙于处理自己情感上受打击的分居问题。R女士对自己的要求很高,可能是父母传递给她的,这给她造成了额外的压力。

神经性厌食症的表现包括成为父母之间的调解人,R女士在自己身上融合了父亲的"青春狂热"与母亲的抑郁和食欲不振。
- **结构焦点**：情感体验与情感分化、自我价值调节、脱离。

治疗初始阶段

在经过两次主要用于诊断性访谈的治疗小节后，R 女士表现出需要帮助和悲伤的情绪。她表示，这几个治疗小节揭露并打乱了她对过去事件的解释，她不确定自己是否足够强大，以面对内心的恶魔。R 女士觉得自己需要依赖神经性厌食症的思维，因为她无法忍受孤独或悲伤的感觉。与此同时，她也感到无助，感觉被困在生活中，而神经性厌食症占据了她人格的很大部分。

虽然在治疗的前 4 周采取了一些措施来减轻 R 女士的压力（如只要求她保持目前的体重），但 R 女士的体重还是因为"无法解释的原因"而下降了近 1 千克（2.2 磅）。第 15 次治疗后，她的体重恢复到了最初的水平。她经常忘记带体重曲线图来参加治疗，即使带了，也缺乏连贯的记录。此外，她还经常忘记阅读营养指南。考虑到 R 女士的内在贫乏及其抑郁症状，在治疗的前 1/3 时间里将面临很大挑战，挑战涉及反复概述和捍卫治疗设置指南，讨论厌食症状，同时避免陷入与 R 女士的权力斗争中，并且在解释 R 女士正在被神经性厌食症吞噬这一点时不能冒犯到她。

识别 R 女士的发展成就和生活负担的支持性干预，引起了她的强烈情绪反应——几乎超出了她所能承受的情感强度范围。在这种情况下，她出现了神经性厌食症的防御性反应，并在接下来的治疗中一直表现得很退缩，直到将她对依赖的恐惧和无助联系起来。

渐渐地，R 女士开始探索自己的厌食症状，并开始交流自己的想法。她能够区分代表"健康感性"的小天使和代表"厌食感受"的小恶魔。她注意到，关于进食的想法不仅出现在感到悲伤或孤独的时候，也出现在感到愤怒、无精打采和失望的时候。她意识到，厌食的想法让她无法充分审视自己当前的问题。她怀疑这个小恶魔是否更像是一只需要她理解和安慰的"受惊吓的猫"。她表达了自我怀疑和害怕让别人失望的感受。她开始承认自己追求成就、完美主义，害怕逐步尝试新事物，而不再总是要求自己立即给出答案。最后，R 女士透露，谈论生活中令人尴尬的细节对她来说是多么困难（而且最终是被禁止的）。她还表达了对体重增加的（永无止境的）恐惧，担心自己可能会"胖得像头猪"。她必须让自己安心，她终将有能力决定和选择自己的进食行为。意识到这一点后，R 女士开始遵循营养指南。

在治疗过程中，R 女士能够适应新的环境和大学生活。她获得了新的社会关系，在家庭之外获得了新生活。这一发展增强了她的自信心，但也重新点燃了她的恐惧，即她害怕可能会让新朋友失望。母亲出院后，父亲的女朋友怀孕了。这让 R 女士对自己的家庭状况有了新的看法。她希望一切如初的愿望显得越来越不现实，也越来越没有吸引力。R 女士的人际关系行为成为中心议题，并且也为此准备了一次家庭会谈。治疗师和 R 女士商定的体重目标为 51.5 千克（113.5 磅；BMI 为 18.5 kg/m^2），每周增重 400 克（0.9 磅）。

治疗中期阶段

在家庭会谈之前，R 女士表现出了强烈的恐惧：她害怕母亲会陷入抑郁发作，也害怕那个从不承认自己不足的父亲会提出问题。R 女士感到内疚，因为她是父亲的知己，她害怕自己的"身份暴露"，会被抛弃、孤苦无依，或者不得不再次承担起父母之间调解人的角色。此外，R 女士开始分析神经性厌食症在她生活中扮演的角色，以及放弃这种疾病会让她失去什么。神经性厌食症确保了父母对她的关注和照顾；她担心，如果她康复了，父母就会全神贯注于他们"破坏性的离婚战争"中。尤其困扰她的是害怕失去父亲的关注。目前，父亲每周都会来看望 R 女士，带她去昂贵的餐馆吃饭。放弃神经性厌食症，不仅意味着她失去了日常生活的支柱，还意味着承认自己犯了错，承认自己失败了——而一般来说，她做任何事情都很容易成功。如果不再扮演"值得炫耀的女儿"的角色，R 女士不知道自己会成为什么样的人。与此同时，她开始对这一角色和神经性厌食症带来的限制感到愤怒。

R 女士的母亲同意参加家庭会谈，条件是不能让她的丈夫参加。这让 R 女士松了一口气。R 女士的弟弟也因为在寄宿学校的缘故而不能参加。在整个家庭会谈期间，R 女士一直在哭泣，并明确表示她只想讨论治疗框架，而不想讨论家庭冲突和家庭内人际关系的具体内容。R 女士的母亲传递出的信息是，她是一个精神饱满、乐观、有远见的人。她觉得每个人的生活都会继续下去，只是她的女儿"被困住了"，因为"女儿一定是承受了这个灾难的冲击"。

她承认，R女士在家庭中扮演着翻译和调解人的角色，她需要女儿的帮助，但也理解女儿需要实现独立。R女士的母亲担心，以后一旦家中出现问题，R女士就又会让自己挨饿。即使有治疗性支持，R女士也几乎无法向母亲表达自己的需求和愿望。在这个关键时刻，一个临时停止信号（即口头指示或代号）被引入进来，当他们中一人感到过度劳累和被另一方施压时，就可以使用停止信号。

在家庭会谈之后的治疗会面中，R女士表示自己的悲伤情绪有所增加，也感受到愤怒的情绪。她提起了自己感觉被忽视和被误解的日常情况，并认识到自己有迅速从各种情况中退离的倾向。为了不给别人增加负担，或不让自己处于不利境地，R女士会为问题苦恼。个人的人生剧集，甚至是此时此刻的来访者和治疗师关系，也能被仔细地分析。R女士被激励去尝试新的行为。

R女士开始进食得多了一些，体重也稳步上升。这既激发了她的自豪感，也引发了她的恐惧。她偶尔会出现暴食，而她的月经已然恢复。

治疗结束阶段

在治疗的结束阶段，发生了许多外部变化和挑战。R女士完成了学业上的一项重要考试，与新朋友合租了一套公寓，感觉自己终于"来到了新家"。父亲因"职业倦怠"接受了住院治疗，并辞去了工作，准备成立一家自由职业公司。父亲的女朋友生下了一对双胞胎。母亲找到了新的工作，并开始与一名男性交往，但不幸的是，这位男性不久后去世了。

起初，R 女士避而不谈治疗的结束，开始无视治疗协议（例如，不来参加治疗、在治疗最后一刻才到场或提前离开治疗）。我们与她讨论了这一问题，并提醒她注意她的关系动力学。此外，R 女士的感受在交替变化，有时对自己新学到的技能感到自豪，有时对新情况感到恐惧，有时对治疗师感到愤怒，因为她认为治疗师"煽动了这一切，只是为了抛弃她"。厌食行为在个别日子里再次出现，并伴有零星的暴食发作，但 R 女士很快就能自主地控制这种行为。在平衡 R 女士和治疗师的共有体验的过程中，治疗勾勒出了成功经验和目标（例如，治疗结束时的 BMI 为 17.9 kg/m^2）。对 R 女士来说，治疗的一个关键方面是治疗师对她的健康发展表示信任，这意味着允许她过"正常的生活"。此外，R 女士认为重要的一步是，对比她的两个联盟，一个是她与神经性厌食症的联盟，另一个是她与治疗师的联盟；而且，通过将治疗联盟内化，她能够将其作为一个内在的指导者，甚至在治疗之外也能如此。

致谢

我们要感谢米里亚姆·科莫-朗（Miriam Komo-Lang）对这些案例研究做出的贡献。

6. 疗效

6.1 研究背景

实现有关神经性厌食症的临床研究面临着许多挑战。

科学评估神经性厌食症的治疗方案很困难，因为在研究参数下治疗神经性厌食症患者时，这种疾病会引起各种治疗上和方法上的阻碍。对神经性厌食症患者进行临床研究是一项挑战，以下举例说明了一些常见的问题。

- 在有关治疗效果的经典研究设计中，患者通常被随机分配到干预组或对照组（即 RCT）。鉴于神经性厌食症的现实情况，医疗并发症往往迫在眉睫（由危险的低 BMI 引起的），所以让患者等待治疗或接受不充分的支持性治疗作为对照组是不可行的选择。此类研究目前被视为不符合伦理。因此，以往的研究有时会导致对照组中过早终止治疗的比例较高。
- 进食障碍患病率低，招募足够的患者进行 RCT 研究费用昂贵，而且需要多个研究中心的参与。
- 许多神经性厌食症患者对住院治疗或门诊治疗感到矛盾。由于这种不情愿，RCT 研究的招募可能会很困难。此外，还可能出现高脱落率，这会使研究结果出现偏倚。

- 在评估门诊治疗的过程中,由于疾病的严重性,可能出现需要住院治疗的躯体并发症。以往研究结果表明,这种住院治疗会导致很高的脱落率。因此,豪尔米等人建议,关于神经性厌食症门诊治疗的 RCT 研究方案应考虑到在预先确定的有限时间内的住院治疗(Halmi et al., 2005)。
- 迄今为止还不清楚导致神经性厌食症患者康复的治疗特定成分是什么。我们从临床实践中得知,治疗的特定成分(如体重契约和关注体重增加)是影响治疗的重要因素。然而,即使接受了治疗,患者康复的时间也可能很漫长(平均为 6 年;Herzog et al., 1997);约 20% 的患者会发展成慢性神经性厌食症,并伴有严重的躯体和心理并发症。

迄今为止,关于心理治疗对神经性厌食症的疗效,仅有少量证据,这是因为上述挑战导致产出的证据有限。最近的一篇综述识别出了 13 项关于成人神经性厌食症患者门诊治疗的 RCT 研究(Brockmeyer, Friederich, & Schmidt, 2017)。

戴尔等人的研究表明,三种专门的治疗形式(焦点精神分析治疗、认知分析治疗和家庭取向的治疗)优于精神科住院医生提供的常规治疗,后者主要是监测体重增加(Dare et al., 2001)。皮克等人使用复发率作为衡量标准,验证了 CBT 比营养咨询更有效(Pike et al., 2003)。不可否认的是,这项研究中对照组的脱落率高达 73%,因此研究结果不能被视为是有效度的。与这些研究结果相反,

> 迄今为止,心理治疗对神经性厌食症的疗效仅有少量的证据。

麦金托什等人发现，与参加人际心理治疗（interpersonal therapy, IPT）或 CBT 的患者相比，对照组（即专科医生支持的临床管理；specialist supportive clinical management, SSCM）的患者显示出更好的总体治疗结果（McIntosh et al., 2005）；然而，该试验的长期随访并未发现何种治疗更优（Carter et al., 2011）。

另一项针对 63 名严重慢性神经性厌食症患者的试验发现，治疗结束时，CBT 的疗效并不比支持性对照治疗更好（Touyz et al., 2013）。此外，一种新的神经性厌食症特异性门诊治疗——成人神经性厌食症治疗的莫兹利模式（Maudsley model of anorexia nervosa therapy for adults, MANTRA），在两项独立的研究中与 SSCM 进行了对比（Schmidt et al., 2012; Schmidt et al., 2015）；而另一项研究对 SSCM、MANTRA 和增强型认知行为治疗（enhanced cognitive behavior therapy, CBT-E）进行了比较（Byrne et al., 2017）。虽然 MANTRA、SSCM 和 CBT-E 在总体结果上没有显著差异（Schmidt et al., 2012; Schmidt et al., 2015），但与 SSCM 相比，MANTRA 对重症神经性厌食症患者更有效。

总之，门诊治疗成人神经性厌食症患者的证据越来越多。据报道，在治疗性改变和长期总体结果方面，诸如焦点心理动力学治疗（focal psychodynamic therapy, FPT）、IPT、CBT-E、MANTRA 等特定治疗比常规治疗或 SSCM 更具优势（Carter et al., 2011; Schmidt et al., 2015; Zipfel et al., 2014）。然而，没有任何一种特定治疗被证明在增加患者体重方面更具有优势（Brockmeyer et al., 2017）。

不过，需要注意的是，所有被引用的研究采用的样本量都相对较小，而且平均治疗时间为 20 次治疗——对于如此复杂的疾病，20 次治疗是非常短的时间。因此，问题仍然存在，这些研究是否因为病例数量少或治疗次数不充足，而无法证明治疗的成功。不过，在 2007—2011 年间，齐普费尔等人开展了一项关于神经性厌食症门诊治疗的大型多中心 RCT 研究，其结果已经发表（Zipfel et al., 2014），下面将详细介绍这项研究。

6.2　ANTOP 研究

在神经性厌食症门诊治疗（Anorexia Nervosa Treatment of Outpatients, ANTOP）研究的框架内，研究人员调查了基于手册的、以疾病为导向的心理动力学治疗方法或 CBT 方法（Fairburn, 2008）对神经性厌食症的疗效，并与常规治疗方法进行了比较。

6.2.1　研究设计和参与者

ANTOP 是一项针对门诊心理治疗的多中心随机对照试验（RCT）研究。共有 242 名神经性厌食症患者在 10 所不同的大学中心参与了这项研究。参加心理治疗研究的患者必须是成年女性，BMI 介于 15～18.5 kg/m²，并表现出神经性厌食症的完全综合征或亚综合征（根据 DSM-IV 标

> ANTOP 是一项针对门诊心理治疗的多中心随机对照试验研究。

准，亚综合征是指缺少神经性厌食症诊断标准中的一条标准）。排除标准包括正服用抗精神病药、存在边缘型人格障碍或双相情感障碍。更多详情参见发表的研究方案（Wild et al., 2009）。

患者被纳入研究后，被随机分至三个治疗组，即 FPT 组、CBT-E 组或优化的常规治疗组（optimized treatment as usual, TAU-O）。在 FPT 组和 CBT-E 组中，每位参与者都接受了以疾病为导向的基于手册的心理治疗，疗程为 40 次治疗。FPT 与本书中描述的程序一致，CBT-E 遵循了费尔伯恩和贝格林的治疗方案（Fairburn & Beglin, 2008），而对照组（TAU-O）患者则获得了一份合格治疗师的名单，并被建议参加门诊治疗。

两种基于手册的治疗均设置治疗持续 10 个月（即 40 次治疗）。衡量疗效的主要指标是治疗结束时（随机分组后 10 个月）测量的 BMI。在治疗后 3 个月和 1 年进行随访测量，以确定长期疗效和治疗影响的可持续性。

研究开始时，被纳入的 242 名患者的平均 BMI 为 16.7 kg/m^2；近 3/4 的患者（71%）的 BMI ＜ 17.5 kg/m^2。三个治疗组的起始体重没有显著差异。此外，半数患者表现为暴食 / 清除型神经性厌食症。

近 1/4 的患者（22.3%）在治疗的前 10 个月中途脱落。脱落被定义为患者无法接受进一步的测量。在治疗后 1 年的随访中，脱落率上升至 30.1%。在手册化治疗的两个组中，过早终止治疗的患者比例为 26.3%，在神经性厌食症治疗中这一比例相对较低。更多特征参见已发表文章（Zipfel et al., 2014）。

6.2.2 体重增加与康复

图 4 显示了三个治疗组患者在三个时间点测量的体重增加情况。

如图 4 所示,随着时间的推移,三个治疗组中患者的平均体重均有所增加。然而,对 BMI 数据的初步分析结果显示,三个治疗组在任何特定时间点的测量均无显著差异。

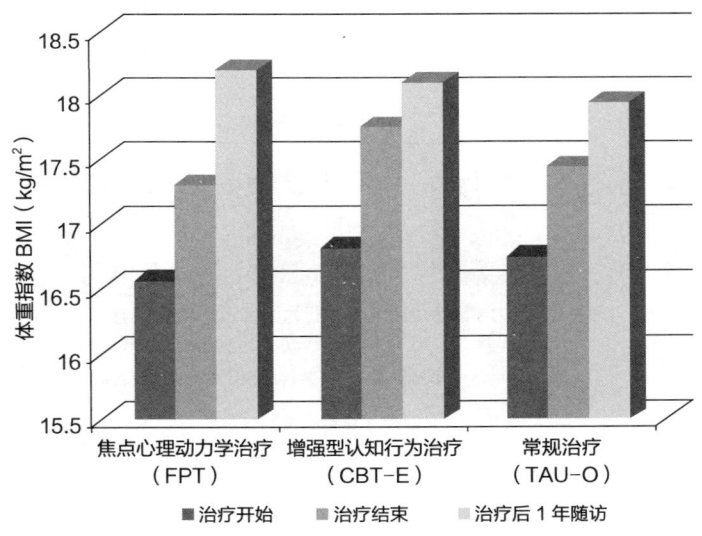

图 4 ANTOP 研究中三个治疗组在治疗开始、治疗结束和治疗后 1 年随访时的 BMI

注:TAU-O 为对照组;基于齐普费尔等人(Zipfel et al., 2014)。

在治疗结束和治疗后 1 年随访时,根据 BMI 标准和使用精神状态评定量表(Psychiatric Status Rating Scale, PSR)(Herzog, Sacks, et al., 1993)进行的外部症状评估,患者被分为三组:效果良好(缓解)、效果中等(部分缓解)和效

> 在心理动力学治疗的框架内,1/3 的患者能达到缓解。

果较差（神经性厌食症完全综合征）。治疗刚结束时，三组患者的总体评估结果没有差异。然而，在治疗后 1 年随访时，FPT 组患者的病情缓解率显著高于对照组（35.2% 与 12.5%）。图 5 显示了三个治疗组患者在两个测量时点的总体治疗结果。

对门诊患者治疗次数的进一步分析显示，三个治疗组间没有差异。然而，数据显示，在治疗后 1 年随访时，对照组患者的住院率明显高于 FPT 组患者（Zipfel et al., 2014）。

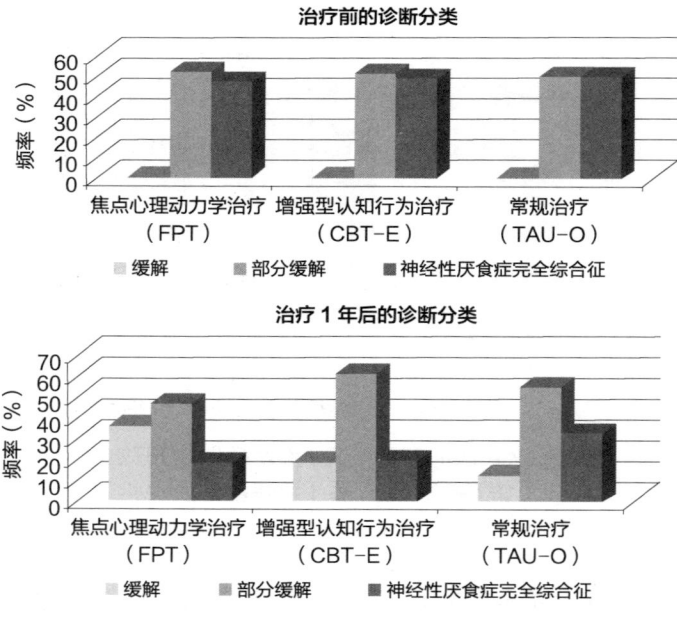

图 5 ANTOP 研究中三个治疗组的总体治疗结果

注：TAU-O 为对照组；基于齐普费尔等人（Zipfel et al., 2014）。

6.2.3　结局预测因素

对疾病结局预测因素的研究主要基于观察性研究，较少基于干预性研究。观察性研究和干预性研究一致表明，BMI 越高、年龄越小、病程越短，预后越好。有关心理社会方面的预测因素，研究结果则不那么明确。然而，据观察，结局良好的相关心理社会因素包括：较少的暴食/清除行为、高自尊、较轻的进食障碍精神病理学[①]、高治疗动机，以及不共病抑郁等（Vall & Wade, 2015）。

ANTOP 研究被设计为一项针对门诊患者的干预性研究，采用 DSM-IV 轴 I 障碍的结构化临床访谈作为金标准，来评估患者一生中的精神障碍共病情况。以下治疗反应的预测因素得到了证实：治疗后 1 年随访时，对患者 BMI 变化和康复情况影响最大的积极预测因素，是患者基线时较高的 BMI；相反，治疗结果（治疗后 1 年随访时的 BMI 和康复情况）的消极预测因素，包括基线时年龄较大、病程超过 6 年、基线时共病终生（包括当前）抑郁（或低自尊）（Wild et al., 2016）。此外，抑郁和自尊高度相关，当抑郁被视为模型中的预测因素时，自尊这一变量就不再具有额外预测价值了。焦虑障碍（包括强迫症）、进食障碍的心理病理因素和进食障碍亚型，对治疗结果无显著预测作用（Wild et al., 2016）。

因此，ANTOP 研究重点关注的心理预测因素相关研究，凸显了共病抑郁在决定疾病严重程度方面的重要性。

---

① 译者注：较少的体重/体形担忧。

这支持了从治疗开始就以自尊问题和抑郁体验为中心的手册化治疗方法（见 4.4.5 聚焦自尊问题和抑郁体验）。此外，在 10 个月治疗的各个阶段，共病情感障碍与对身体形象不满密切相关，而基线时的身体形象感知可预测治疗后 1 年随访时的抑郁症状。故而，研究结果表明，关注自我价值和抑郁症状，还应包括处理体像障碍的针对性治疗方法（Junne et al., 2016）。

不仅如此，研究还分析了患者的家庭、伴侣关系、教育和职业状况，它们构成了社会预测因素。家庭维度包括以下变量：搬出父母家、父母分开或生病、父母去世，以及在同胞中的排行。在 ANTOP 研究中，尽管神经性厌食症患者经常表现出与治疗相关的不成功脱离过程，但家庭和伴侣关系这两个总体变量对与体重相关的治疗结果没有预测价值。同样，受教育程度和职业状况对治疗结果也没有显著的预测作用（Teufel et al., 2017）。

6.2.4　治疗过程和治疗结果

神经性厌食症患者的特点是回避消极情绪，在调节情绪方面表现出明显的困难（另见 2.1 心理动力学理解）。然而，目前还不清楚，在治疗过程中和治疗间期增强的情感处理是否与治疗结束和治疗后 1 年随访时的更好治疗结果有关。ANTOP 研究还调查了加强消极情绪表达是否与良好的治疗结果有关。

在 ANTOP 研究中，对治疗过程进行了录音，并对早期治疗小节（第 4~15 次）、中期治疗小节（第 16~32

次)和晚期治疗小节(第33~40次)的音频文件进行了转录。每个治疗阶段的治疗小节选择,都是基于使用单一心理治疗与咨询简短清单(Short-Inventory for Single Psychotherapy and Counselling)挑选出的质量评分最高的治疗小节(Krampen & Wald, 2001)。除此之外,还以同样的方式从最初的三节治疗中选择了一节纳入研究。然后,利用计算机文本分析软件,对所选文本进行分析,以评估患者对情绪的口头表达。除了评估情绪词的总数外,该软件还对积极和消极情绪词进行了区分。在所有治疗阶段中,与治疗早期和晚期阶段相比,患者在治疗中期阶段口头表达消极情绪词最多。FPT和CBT-E在这方面没有显著差异。

采用分层回归分析,评估治疗结束时和治疗后1年随访时语言数据量化分析与BMI之间的关系。先验假设(即更多的消极情绪表达可预测体重的增加)得到了证实,因为在治疗中期阶段表达的消极情绪词语(而非积极情绪词语)的数量,与治疗结束时和治疗后1年随访时的体重增加呈正相关。对于积极情绪词语的数量,研究未发现显著相关结果。这些研究结果只针对治疗中期阶段,因为治疗初期、早期、晚期阶段的消极情绪或积极情绪均不能预测治疗结束时或治疗后1年随访时的BMI。此外,研究结果与治疗方法(FPT或CBT-E)、病程、神经性厌食症亚型、治疗开始时的BMI无关。

研究结果表明,治疗师应主动聚焦于增加神经性厌食症患者的情绪表达,尤其是在治疗中期阶段(Friederich et al., 2017)。

研究变量应涵盖两个时间段,因为治疗进展不仅发生在治疗会谈中，也发生在治疗会谈之间。在门诊心理治疗中，患者在治疗设置之外花费的时间远多于同治疗师相处的时间。因此，门诊患者的治疗过程研究应包括患者在治疗小节间期如何体验和处理门诊心理治疗，即治疗小节间期过程（intersession processes, ISP）。为了研究 ISP，患者被要求在每个治疗小节（共 40 个治疗小节）前完成治疗小节间期体验问卷（Intersession Experience Questionnaire）（Hartmann et al., 2016; Orlinsky et al., 1993）。问卷包括以下几个维度：① ISP 的心理强度（即思考治疗和治疗师的频率及持续时间）；② ISP 产生的情境，区分情感状态、问题解决状态和梦境-困倦状态；③ 重建治疗性对话并应用治疗性学习的思想内容（包括关系幻想）；④ 思考治疗时的情绪基调，允许区分积极情绪和消极情绪。

FPT 组和 CBT-E 组的患者显示出惊人相似的 ISP。在治疗的中期阶段，发现不同治疗方法间存在差异，它们是关于治疗相关消极情绪和记忆的。在 FPT 组，中期阶段的消极情绪似乎是心理治疗过程的一部分，并与良好的治疗结果相关，而 CBT-E 组的情况并非如此（Zeeck et al., 2016）。此外，研究结果并不支持如下假设：如果在治疗小节间期有更多与治疗相关的想法、记忆和情绪表达，那么心理治疗过程就会更成功。相反，研究结果表明，在治疗进展过程中，加工频率应落在最佳范围内，而且具体应取决于治疗所处的阶段（Hartmann et al., 2016; Zeeck et al., 2016）。

总之，ANTOP 的过程-结果研究凸显了情感-情绪加工在神经性厌食症患者心理动力学治疗中的相关性。此外，研究结果表明，在治疗中期阶段，进行情感-情绪加工对取得良好治疗结果至关重要。治疗中期阶段通常是心理治疗中情绪最强烈的阶段。如果将其纳入治疗时间表，则表明患者通常需要在治疗的早期阶段熟悉治疗师和治疗特点，不应过早向患者面质消极情绪和消极人际体验，应直至治疗后期才进行面质。同样，在治疗的后期阶段，患者必须学会逐渐松开治疗性的联结，并回归自主———种聚焦于技能而非情绪表达的自主。在对治疗过程进行全面概述中，我们可以清楚地看到，为什么在治疗中期阶段对情绪的审视最为强烈。

6.2.5 疾病成本与成本效益分析

神经性厌食症是需要反复治疗的慢性疾病。患者需要住院治疗的比例极高，并且在所有精神障碍中，神经性厌食症患者的平均住院时间最长（Thompson et al., 2004）。更多的直接成本来自门诊治疗、药品、社会服务，以及由患者及其家属支付的自付费用。除直接成本外，病假、缺勤所致的工作效率降低与残疾也会产生间接成本。总之，研究结果表明，神经性厌食症的疾病成本是巨大的；然而，以往的研究结果却不尽相同。因此，这意味着目前还没有研究能提供对疾病成本的全面估算（Stuhldreher et al., 2012）。

在 ANTOP 研究中，我们在基线时（即治疗开始前）对治疗前 3 个月的医疗健康服务的利用情况、在岗生产力损失、成本的间接决定因素进行了评估。每位患者 3 个月的平均直接成本和平均间接成本加起来相当于 6 584 美元（约合人民币 47 302 元）。直接成本占总成本的 57%，大部分成本来自住院治疗。门诊患者直接成本负担严重的决定因素，被认为是暴食/清除型患者、病程超过 6 年的患者和共病其他精神障碍的患者，他们的直接成本最高。研究结果表明，疾病的成本很高，特别是因为接受评估的患者需要进行额外的住院治疗（Stuhldreher et al., 2015）。

此外，ANTOP 研究还进行了神经性厌食症门诊治疗的成本效益分析。成本效益分析是根据 10 个月的门诊治疗和 12 个月随访期来确定的。事实证明，在康复和直接成本方面，相较于 CBT-E 和 TAU-O，FBT 成本效益比更小。如需了解更多详情，感兴趣的读者可参阅埃格等人的研究（Egger et al., 2016）。

6.2.6　小结

迄今为止，ANTOP 研究是规模最大的检验成人神经性厌食症患者门诊治疗效果的随机对照试验。该研究的特别之处不仅在于样本量大，还在于脱落率相对较低，而且研究方案经过特别调整，允许患者参与不超过 4 周的住院治疗。有了这个相对较大的样本（代表德国进食障碍中心），我们意识到这样一个事实，即在为期 10 个月的门诊治疗过程中，平均 BMI 会显著改善。

在治疗结束后 1 年的随访中，三个治疗组的平均 BMI 增长情况如下：FPT 组为 $1.64\,kg/m^2$；CBT-E 组为 $1.30\,kg/m^2$；TAU-O 组（对照组）为 $1.22\,kg/m^2$。然而，平均体重增加的幅度很小，这表明神经性厌食症患者的体重增加是很困难的。

在治疗结束时比较 BMI，两种特定方法的治疗组

（FPT 和 CBT-E）与对照组之间没有差异。不过，应该考虑到对照组患者接受了相当剂量的治疗，而且对照组患者可以自由选择自己喜欢的治疗方案；与根据手册进行干预的治疗师相比，资深治疗师更富经验。这意味着对照组患者接受的治疗强度相对较大，可能会影响各治疗组之间的 BMI 无显著差异。

对治疗后 1 年随访时的总体康复状况进行评估，发现与对照组相比，FPT 组患者更具优势。除 BMI 有提升以外，患者的总体结果被定义为次要的临床相关结果标准。与对照组相比，FPT 组的另一个优势是住院人数较少。鉴于不同治疗组住院治疗的频率不同，与 CBT-E 和 TAU-O（对照组）相比，FPT 的成本效益比更低。

对 ANTOP 研究数据的二次分析，凸显了共病抑郁和自尊在预测疾病结果方面的相关性，以及治疗中期的情感-情绪加工对取得良好治疗效果的重要性。研究结果支持分阶段治疗（早期、中期、晚期），每个治疗阶段都有各自的治疗挑战。研究结果还表明，治疗的中期阶段可以作为处理情感-情绪加工问题的主要工作环节。此外，治疗师应该对患者的资源保持敏感，并应找到面质情感-情绪的最佳范围，因为过强烈的面质似乎与无益的或其他有问题的过程有关。尽管如此，ANTOP 的结果预测和过程-结果研究，为我们更好地理解潜在的改变机制做出了重要贡献，这可以为未来的治疗方案提供信息。

从整体上看，根据 ANTOP 研究的结果，我们可以推断出，BMI $\geq$ 15.0 kg/m^2 且躯体状况稳定的神经性厌食症患者可以在门诊治疗项目中成功接受治疗。

BMI$\geq$15.0 kg/m^2 且躯体状况稳定的成人神经性厌食症患者可在门诊接受治疗。

7. 参考文献

[1] Agras, W. S., Brandt, H. A., Bulik, C. M., Dolan-Sewell, R., Fairburn, C. G., Halmi, K. A., ... Wilfley, D. E. (2004). Report of the National Institutes of Health workshop on overcoming barriers to treatment research in anorexia nervosa. *International Journal of Eating Disorders, 35*(4), 509–521. https://doi.org/10.1002/eat.10261

[2] American Psychiatric Association. (2006). *Practice guideline for the treatment of patients with eating disorders* (3rd ed.). Arlington, VA: American Psychiatric Publishing. Retrieved from http://psychiatryonline.org/pb/assets/raw/sitewide/practice_guidelines/guidelines/eatingdisorders.pdf

[3] American Psychiatric Association. (2009). *Diagnostic and statistical manual of mental disorders: DSM–IV–TR* (4th ed., text revision). Arlington, VA: Author.

[4] American Psychiatric Association. (2013). *Diagnostic and statistical manual of mental disorders: DSM–5* (5th ed.). Arlington, VA: American Psychiatric Publishing. http://doi.org/10.1176/appi.books.9780890425596

[5] Arcelus, J., Mitchell, A. J., Wales, J., & Nielsen, S. (2011). Mortality rates in patients with anorexia nervosa and other eating disorders: A meta-analysis of 36 studies. *Archives of General Psychiatry, 68*(7), 724–731. http://doi.org/10.1001/archgenpsychiatry.2011.74

[6] Association of the Medical Societies in Germany. (2011). *S3 Guideline: Diagnostic and therapy of eating disorders*. Retrieved from www.awmf.org/leitlinien/detail/ll/051-026.html

[7] Bartholomew, K., Kwong, M. J., & Hart, S. D. (2001). Attachment. In W. J. Livesley (Ed.), *Handbook of personality disorders: Theory, research, and treatment* (pp. 196–230). New York, NY: Guilford Press.

[8] Bers, S. A., Besser, A., Harpaz-Rotem, I., & Blatt, S. J. (2013). An empirical exploration of the dynamics of anorexia nervosa: Representations of self, mother, and father. *Psychoanalytic Psychology, 30*(2),188–209. http://doi.org/10.1037/a0032512

[9] Berkman, N. D., Lohr, K. N., Bulik, C. M. (2007). Outcomes of eating disorders: A systematic

review of the literature. *The International Journal of Eating Disorders, 40*(4), 293-309. http://doi.org/10.1002/eat.20369

[10] Boris, H. N. (1984). The problem of anorexia nervosa. *International Journal of Psycho-Analysis, 65*(Pt 3), 315-322.

[11] Brockmeyer, T., Bents, H., Holtforth, M. G., Pfeiffer, N., Herzog, W., & Friederich, H.-C. (2012). Specific emotion regulation impairments in major depression and anorexia nervosa. *Psychiatry Research, 200*(2-3), 550-553. http://doi.org/10.1016/j.psychres.2012.07.009

[12] Brockmeyer, T., Friederich, H. C., & Schmidt, U. (2017). Advances in the treatment of anorexia nervosa: A review of established and emerging interventions. *Psychological Medicine, 11*, 1-37. https://doi.org/10.1017/S0033291717002604

[13] Brockmeyer, T., Grosse Holtforth, M., Bents, H., Herzog, W., & Friederich, H.-C. (2013). Lower body weight is associated with less negative emotions in sad autobiographical memories of patients with anorexia nervosa. *Psychiatry Research, 210*(2), 548-552. http://doi.org/10.1016/j.psychres.2013.06.024

[14] Bruch, H. (1962). Perceptual and conceptual disturbances in anorexia nervosa. *Psychosomatic Medicine, 24*, 187-194. http://doi.org/10.1097/00006842-196203000-00009

[15] Bruch, H. (1978). *The golden cage: The enigma of anorexia nervosa*. Cambridge, MA: Harvard University Press.

[16] Bulik, C. M., Kleiman, S. C., & Yilmaz, Z. (2016). Genetic epidemiology of eating disorders. *Current Opinion in Psychiatry, 29*(6), 383-388. http:// doi.org/10.1097/YCO.0000000000000275

[17] Bulik, C. M., Sullivan, P. F., Tozzi, F., Furberg, H., Lichtenstein, P., & Pedersen, N. L. (2006). Prevalence, heritability, and prospective risk factors for anorexia nervosa. *Archives of General Psychiatry, 63*(3), 305-312. http://doi.org/10.1001/archpsyc.63.3.305

[18] Byrne, S., Wade, T., Hay, P., Touyz, S., Fairburn, C. G., Treasure, J., ... Crosby, R. D. (2017). A randomised controlled trial of three psychological treatments for anorexia nervosa. *Psychological Medicine*, 1-11. http://doi.org/10.1017/S0033291717001349

[19] Caglar-Nazali, H. P., Corfield, F., Cardi, V., Ambwani, S., Leppanen, J., Olabintan,O., ... Treasure, J. (2014). A systematic review and meta-analysis of 'Systems for Social Processes' in eating disorders. *Neuroscience and Biobehavioral Reviews, 42*, 55-92. http://doi.org/10.1016/j.neubiorev.2013.12.002

[20] Carter, F. A., Jordan, J., McIntosh, V. V. W., Luty, S. E., McKenzie, J. M., Frampton, C. M. A., ... Joyce, P. R. (2011). The long-term efficacy of three psychotherapies for anorexia nervosa: A randomized, controlled trial. *International Journal of Eating Disorders, 44*(7), 647-654. https://doi.

org/10.1002/eat.20879

[21] Cassin, S. E., & von Ranson, K. M. (2005). Personality and eating disorders: A decade in review. *Clinical Psychology Review, 25*(7), 895−916. http://doi.org/10.1016/j.cpr.2005.04.012

[22] Cervera, S., Lahortiga, F., Martinez-Gonzalez, M. A., Gual, P., de Irala-Estevez, J., & Alonso, Y. (2003). Neuroticism and low self-esteem as risk factors for incident eating disorders in a prospective cohort study. *International Journal of Eating Disorders, 33*(3), 271−280. https://doi.org/10.1002/eat.10147

[23] Clarkin, J. F., Fonagy, P., & Gabbard, G. O. (Eds.). (2010). *Psychodynamic psychotherapy for personality disorders: A clinical handbook*(1st ed.). Washington, DC: American Psychiatric Publishing.

[24] Cloninger, C. R., Svrakic, D. M., & Przybeck, T. R. (1993). A psychobiological model of temperament and character. *Archives of General Psychiatry, 50*(12), 975−990. http://doi.org/10.1001/archpsyc.1993.01820240059008

[25] Cnattingius, S., Hultman, C. M., Dahl, M., & Sparen, P. (1999). Very preterm birth, birth trauma, and the risk of anorexia nervosa among girls. *Archives of General Psychiatry, 56*(7), 634−638. http://doi.org/10.1001/archpsyc.56.7.634

[26] Culbert, K. M., Racine, S. E., & Klump, K. L. (2015). Research review: What we have learned about the causes of eating disorders−A synthesis of sociocultural, psychological, and biological research. *Journal of Child Psychology and Psychiatry, and Allied Disciplines, 56*(11), 1141−1164. https://doi.org/10.1111/jcpp.12441

[27] Currin, L., Schmidt, U., Treasure, J., & Jick, H. (2005). Time trends in eating disorder incidence. *British Journal of Psychiatry, 186,* 132−135. http:// doi.org/10.1192/ bjp.186.2.132

[28] Dare, C., Eisler, I., Russell, G., Treasure, J., & Dodge, L. (2001). Psychological therapies for adults with anorexia nervosa: Randomised controlled trial of out-patient treatments. *British Journal of Psychiatry, 178,* 216−221. http://doi.org/10.1192/bjp.178.3.216

[29] Duncan, L., Yilmaz, Z., Gaspar, H., Walters, R., Goldstein, J., Anttila, V., ... Bulik, C. M. (2017). Significant locus and metabolic genetic correlations revealed in genome-wide association study of anorexia nervosa. *American Journal of Psychiatry, 174*(9), 850−858. https://doi.org/10.1176/appi.ajp.2017.16121402

[30] Eddy, K. T., Hennessey, M., & Thompson-Brenner, H. (2007). Eating pathology in East African women: The role of media exposure and globalization. *Journal of Nervous and Mental Disease, 195*(3), 196−202. http://doi.org/10.1097/01.nmd.0000243922.49394.7d

[31] Egan, S. J., Wade, T. D., & Shafran, R. (2011). Perfectionism as a transdiagnostic process:

A clinical review. *Clinical Psychology Review, 31*(2), 203–212. http://doi.org/10.1016/j.cpr.2010.04.009

[32] Egger, N., Wild, B., Zipfel, S., Junne, F., Konnopka, A., Schmidt, U., ... König, H.-H. (2016). Cost-effectiveness of focal psychodynamic therapy and enhanced cognitive-behavioural therapy in out-patients with anorexia nervosa. *Psychological Medicine, 46*(16), 3291–3301. http://doi.org/10.1017/S0033291716002002

[33] Fairburn, C. G. (Ed.). (2008). *Cognitive behavior therapy and eating disorders*. New York, NY: Guilford Press.

[34] Fairburn, C. G., & Beglin, S. J. (2008). Eating Disorder Examination Questionnaire. In C. G. Fairburn (Ed.), *Cognitive behavior therapy and eating disorders*. New York, NY: Guilford Press.

[35] Fairburn, C. G., & Cooper, Z. (1987). The Eating Disorder Examination: A semi-structured interview for the assessment of the specific psychopathology of eating disorders. *International Journal of Eating Disorders, 6*(1), 1–8. http://doi.org/10.1002/1098-108X(198701)6:1<1::AID-EAT2260060102>3.0.CO;2-9

[36] Favaro, A., Tenconi, E., & Santonastaso, P. (2006). Perinatal factors and the risk of developing anorexia nervosa and bulimia nervosa. *Archives of General Psychiatry, 63*(1), 82–88. http://doi.org/10.1001/archpsyc.63.1.82

[37] First, M., Williams, J. B., Karg, R. S., & Spitzer, R. L. (2016). *Structured clinical interview for DSM-5 disorders–clinician version (SCID-5-cv)*. Arlington, VA: American Psychiatric Publishing.

[38] Fishman, H. C. (2004). *Enduring change in eating disorders: Interventions with long-term results*. New York, NY: Brunner-Routledge.

[39] Friederich, H.-C., Brockmeyer, T., Wild, B., Resmark, G., de Zwaan, M., Dinkel, A., ... Herzog, W. (2017). Emotional expression predicts treatment outcome in focal psychodynamic and cognitive behavioural therapy for anorexia nervosa: Findings from the ANTOP study. *Psychotherapy and Psychosomatics, 86*(2), 108–110. https://doi.org/10.1159/000453582

[40] Friederich, H.-C., Walther, S., Bendszus, M., Biller, A., Thomann, P., Zeigermann, S., ... Herzog, W. (2012). Grey matter abnormalities within cortico-limbic-striatal circuits in acute and weight-restored anorexia nervosa patients. *Neuroimage, 59*(2), 1106–1113. http://doi.org/10.1016/j.neuroimage.2011.09.042

[41] Friederich, H.-C., Wu, M., Simon, J. J., & Herzog, W. (2013). Neurocircuit function in eating disorders. *International Journal of Eating Disorders, 46*(5), 425–432. http://doi.org/10.1002/eat.22099

[42] Garner, D. M. (2004). *Eating Disorder Inventory-3 (EDI™-3): Professional manual*. Lutz, FL: Psychological Assessment Resources.

[43] Garner, D. M., & Bemis, K. M. (1982). A cognitive-behavioral approach to anorexia nervosa. *Cognitive Therapy and Research, 6*(2), 123-150. http:// doi.org/10.1007/BF01183887

[44] Garner, D. M., Olmstead, M. P., & Polivy, J.(1983). Development and validation of a multidimensional eating disorder inventory for anorexia nervosa and bulimia. *International Journal of Eating Disorders, 2*(2), 15-34. http://doi.org/10.1002/1098-108X(198321)2:2<15::AID-EAT2260020203>3.0.CO;2-6

[45] Godart, N. T., Flament, M. F., Perdereau,F., & Jeammet, P. (2002). Comorbidity between eating disorders and anxiety disorders: A review. *International Journal of Eating Disorders, 32*(3), 253-270. http://doi.org/10.1002/eat.10096

[46] Godart, N. T., Perdereau, F., Rein, Z., Berthoz, S., Wallier, J., Jeammet, P., & Flament, M. F. (2007). Comorbidity studies of eating disorders and mood disorders: Critical review of the literature. *Journal of Affective Disorders, 97*(1-3), 37-49. http://doi.org/10.1016/j.jad.2006.06.023

[47] Gull, W. W. (1873). Anorexia nervosa (Apepsia hysterica, anorexia hysterical). *Clinical Society's Transaction, 874,* 22.

[48] Habermas, T. (1994). *The history of anorexia nervosa: A medical-psychological reconstruction*. Frankfurt am Main, Germany: Fischer.

[49] Halmi, K. A., Agras, W. S., Crow, S., Mitchell, J., Wilson, G. T., Bryson, S. W., & Kraemer, H. C. (2005). Predictors of treatment acceptance and completion in anorexia nervosa: Implications for future study designs. *Archives of General Psychiatry, 62*(7), 776-781. https://doi.org/10.1001/archpsyc.62.7.776

[50] Hartmann, A., Zeeck, A., Herzog, W., Wild, B., de Zwaan, M., Herpertz, S., ... Zipfel, S. (2016). The intersession process in psychotherapy for anorexia nervosa: Characteristics and relation to outcome. *Journal of Clinical Psychology, 72*(9), 861-879. http://doi.org/10.1002/jclp.22293

[51] Herzog, D. B., Sacks, N. R., Keller, M. B., Lavori, P. W., von Ranson, K. B., & Gray, H. M. (1993). Patterns and predictors of recovery in anorexia nervosa and bulimia nervosa. *Journal of the American Academy of Child and Adolescent Psychiatry, 32*(4), 835-842. http://doi.org/10.1097/00004583-199307000-00020

[52] Herzog, W., Kronmüller, K. T., Hartmann, M., Bergmann, G., & Kröger, F. (2000). Family perception of interpersonal behavior as a predictor in eating disorders: A prospective, six-year followup study. *Family Process, 39*(3), 359-374. http://doi.org/10.1111/j.1545-5300.2000.39307.x

[53] Herzog, W., Minne, H., Deter, C., Leidig, G., Schellberg, D., Wuster, C., ... Bergmann, G. (1993).

Outcome of bone mineral density in anorexia nervosa patients 11.7 years after first admission. *Journal of Bone and Mineral Research, 8*(5), 597−605. https://doi.org/10.1002/jbmr.5650080511

[54] Herzog, W., Schellberg, D., & Deter, H. C. (1997). First recovery in anorexia nervosa patients in the long-term course: A discrete-time survival analysis. *Journal of Consulting and Clinical Psychology, 65*(1), 169−177. http://doi.org/10.1037/0022-006X.65.1.169

[55] Hudson, J. I., Hiripi, E., Pope, H. G., Jr., & Kessler,R. C. (2007). The prevalence and correlates of eating disorders in the National Comorbidity Survey Replication. *Biological Psychiatry, 61*(3), 348−358. http://doi.org/10.1016/j.biopsych.2006.03.040

[56] Jacobi, C., Hayward, C., de Zwaan, M., Kraemer, H. C., & Agras, W. S. (2004). Coming to terms with risk factors for eating disorders: Application of risk terminology and suggestions for a general taxonomy. *Psychological Bulletin, 130*(1), 19−65. http://doi.org/10.1037/0033-2909.130.1.19

[57] Jewell, T., Collyer, H., Gardner, T., Tchanturia, K., Simic, M., Fonagy, P., & Eisler, I. (2016). Attachment and mentalization and their association with child and adolescent eating pathology: A systematic review. *International Journal of Eating Disorders, 49*(4), 354−373. https://doi.org/10.1002/eat.22473

[58] Junne, F., Zipfel, S., Wild, B., Martus, P., Giel, K., Resmark, G., ... Lowe, B. (2016). The relationship of body image with symptoms of depression and anxiety in patients with anorexia nervosa during outpatient psychotherapy: Results of the ANTOP study. *Psychotherapy, 53*(2), 141−151. https:// doi.org/10.1037/pst0000064

[59] Kaye, W. H., Bulik, C. M., Thornton, L., Barbarich, N., & Masters, K. (2004). Comorbidity of anxiety disorders with anorexia and bulimia nervosa. *American Journal of Psychiatry, 161*(12), 2215−2221. http://doi.org/10.1176/appi.ajp.161.12.2215

[60] Kaye, W. H., Fudge, J. L., & Paulus, M. (2009). New insights into symptoms and neurocircuit function of anorexia nervosa. *Nature Reviews Neuroscience,10*(8), 573−584. http://doi.org/10.1038/nrn2682

[61] Keski-Rahkonen, A., Hoek, H. W., Susser, E. S., Linna, M. S., Sihvola, E., Raevuori, A., ... Rissanen, A. (2007). Epidemiology and course of anorexia nervosa in the community. *American Journal of Psychiatry, 164*(8), 1259−1265. http://doi.org/10.1176/appi.ajp.2007.06081388

[62] Keys, A., Brozek, J., Henschel, A., Mickelsen, O., & Taylor, H. L. (1950). *The biology of human starvation: Vol. 1−2.* Minneapolis, MN: University of Minnesota Press.

[63] Kotler, L. A., Cohen, P., Davies, M., Pine, D. S., & Walsh, B. T. (2001). Longitudinal relationships between childhood, adolescent, and adult eating disorders. *Journal of the American Academy of*

Child and Adolescent Psychiatry, 40(12), 1434–1440. http://doi.org/10.1097/00004583-200112000-00014

[64] Krampen, G., & Wald, B. (2001). Short assessment procedures for formative evaluation and adaptive indication in general and differential psychotherapy and counseling: Session-related rating scales for individual psychotherapy and counseling. *Diagnostica, 47*(1), 43–50.

[65] Lasègue, E.-C. (1873/1997). On hysterical anorexia (a). *Obesity Research, 5,* 492–497.

[66] Leichsenring, F., & Schauenburg, H. (2014). Empirically supported methods of short-term psychodynamic therapy in depression–Towards an evidence-based unified protocol. *Journal of Affective Disorders, 169,* 128–143. http://doi.org/10.1016/j.jad.2014.08.007

[67] Lilenfeld, L. R. R., Wonderlich, S., Riso, L. P., Crosby, R., & Mitchell, J. (2006). Eating disorders and personality: A methodological and empirical review. *Clinical Psychology Review, 26*(3), 299–320. http://doi.org/10.1016/j.cpr.2005.10.003

[68] Lock, J., & Le Grange, D. (2012). *Treatment manual for anorexia nervosa: A family-based approach* (2nd ed.). New York, NY: Guilford Press.

[69] Löwe, B., Zipfel, S., Buchholz, C., Dupont, Y., Reas, D. L., & Herzog, W. (2001). Long-term outcome of anorexia nervosa in a prospective 21-year follow-up study. *Psychological Medicine, 31*(5), 881–890. http://doi.org/10.1017/S003329170100407X

[70] McCullough, L. (2003). *Treating affect phobia: A manual for short-term dynamic psychotherapy.* New York, NY: Guilford Press.

[71] McIntosh, V. V. W., Jordan, J., Carter, F. A., Luty, S. E., McKenzie, J. M., Bulik, C. M., ... Joyce, P. R. (2005). Three psychotherapies for anorexia nervosa: A randomized, controlled trial. *American Journal of Psychiatry, 162*(4), 741–747. http://doi.org/10.1176/appi.ajp.162.4.741

[72] Midgley, N. (2013). *The New Library of Psychoanalysis Teaching Series: Vol.7. Reading Anna Freud.* London, UK: Routledge.

[73] National Institute for Health and Care Excellence. (2017). *Eating disorders: Recognition and treatment.* Retrieved from https://www.nice.org.uk/guidance/ng69/evidence

[74] Operationalized Psychodynamic Diagnosis Task Force. (Ed.). (2008). *Operationalized psychodynamic diagnosis OPD-2: Manual of diagnosis and treatment planning.* Cambridge, MA: Hogrefe Publishing.

[75] Orlinsky, D. E., Geller, J. D., Tarragona, M., & Farber, B. (1993). Patients' representations of psychotherapy: A new focus for psychodynamic research. *Journal of Consulting and Clinical Psychology, 61*(4), 596–610. http://doi.org/10.1037/0022-006X.61.4.596

[76] Peñas-Lledó, E., Bulik, C. M., Lichtenstein, P., Larsson, H., & Baker, J. H. (2015). Risk for self-

reported anorexia or bulimia nervosa based on drive for thinness and negative affect clusters/ dimensions during adolescence: A three-year prospective study of the TChAD cohort. *International Journal of Eating Disorders, 48*(6), 692−699. https://doi.org/10.1002/eat.22431

[77] Perkins, S. J., Keville, S., Schmidt, U., & Chalder, T. (2005). Eating disorders and irritable bowel syndrome: Is there a link? *Journal of Psychosomatic Research, 59*(2), 57−64. https://doi.org/10.1016/j.jpsychores.2004.04.375

[78] Pike, K. M., Walsh, B. T., Vitousek, K., Wilson, G. T., & Bauer, J. (2003). Cognitive behavior therapy in the posthospitalization treatment of anorexia nervosa. *American Journal of Psychiatry, 160*(11), 2046−2049. http://doi.org/10.1176/appi.ajp.160.11.2046

[79] Reich, G., Cierpka, M., & Becker, S. (2010). *Psychotherapy of eating disorders: Disease models and therapeutical practice* (3rd ed.). Stuttgart, Germany: Thieme.

[80] Schauenburg, H., Friederich, H.-C., Wild, B., Zipfel, S., & Herzog, W. (2009). Focal psychodynmic psychotherapy of anorexia nervosa. *Psychotherapeut, 54*(4), 270−280. http://doi.org/10.1007/s00278-009-0668-4

[81] Schmidt, U., Brown, A., McClelland, J., Glennon, D., & Mountford, V. A. (2016). Will a comprehensive, person-centered, team-based early intervention approach to first episode illness improve outcomes in eating disorders? *International Journal of Eating Disorders, 49*(4), 374−377. https://doi.org/10.1002/eat.22519

[82] Schmidt, U., Magill, N., Renwick, B., Keyes, A., Kenyon, M., Dejong, H., ... Landau, S. (2015). The Maudsley Outpatient Study of Treatments for Anorexia Nervosa and Related Conditions (MOSAIC): Comparison of the Maudsley Model of Anorexia Nervosa Treatment for Adults (MANTRA) with specialist supportive clinical management (SSCM) in outpatients with broadly defined anorexia nervosa: A randomized controlled trial. *Journal of Consulting and Clinical Psychology, 83*(4), 796−807. https://doi.org/10.1037/ccp0000019

[83] Schmidt, U., Oldershaw, A., Jichi, F., Sternheim, L., Startup, H., McIntosh, V., ... Treasure, J. (2012). Out-patient psychological therapies for adults with anorexia nervosa: Randomised controlled trial. *British Journal of Psychiatry, 201*(5), 392−399. http://doi.org/10.1192/bjp.bp.112.112078

[84] Selvini-Palazzoli, M. (1996). *The Master Work Series. Self-starvation: From individual to family therapy in the treatment of anorexia nervosa.* New York, NY: Aronson.

[85] Serpell, L., Treasure, J., Teasdale, J., & Sullivan, V. (1999). Anorexia nervosa: Friend or foe? *International Journal of Eating Disorders, 25*(2), 177−186.

[86] Smink, F. R. E., van Hoeken, D., & Hoek, H. W. (2012). Epidemiology of eating disorders:

Incidence, prevalence and mortality rates. *Current Psychiatry Reports, 14*(4), 406–414. http://doi.org/10.1007/s11920-012-0282-y

[87] Schors, R., & Huber, D. (2003). Psychoanalytic thinking, cognitive-behaviour therapeutic acting? In W. Herzog, D. Munz, & H. Kächele (Eds.), *Eating Disorders: Therapy Guide and Psychodynamic Treatment Concepts* (2nd ed., pp. 60–81). Stuttgart, Germany: Schattauer.

[88] Steinhausen, H.-C. (2002). The outcome of anorexia nervosa in the 20th century. *American Journal of Psychiatry, 159*(8), 1284–1293. http://doi.org/10.1176/appi.ajp.159.8.1284

[89] Stuhldreher, N., Konnopka, A., Wild, B., Herzog, W., Zipfel, S., Löwe, B., & König, H.-H. (2012). Cost-of-illness studies and cost-effectiveness analyses in eating disorders: A systematic review. *International Journal of Eating Disorders, 45*(4), 476–491. http://doi.org/10.1002/eat.20977

[90] Stuhldreher, N., Wild, B., König, H.-H., Konnopka, A., Zipfel, S., & Herzog, W. (2015). Determinants of direct and indirect costs in anorexia nervosa. *International Journal of Eating Disorders, 48*(1), 139–146. http://doi.org/10.1002/eat.22274

[91] Summers, R. F., & Barber, J. P. (2012). *Psychodynamic therapy: A guide to evidence-based practice.* New York, NY: Guilford Press.

[92] Teufel, M., Wild, B., Giel, K. E., Friederich, H.-C., Resmark, G., de Zwaan, M., ... Junne, F. (2017). Family, partnership, education and occupation in patients with anorexia nervosa. *Psychotherapeut, 62*(3), 212–221. http://doi.org/10.1007/s00278-017-0194-8

[93] Thomae, H. (1963). Some psychoanalytic observations on anorexia nervosa. *British Journal of Medical Psychology, 36*, 239–248. http://doi.org/10.1111/j.2044-8341.1963.tb01284.x

[94] Thompson, A., Shaw, M., Harrison, G., Ho, D., Gunnell, D., & Verne, J. (2004). Patterns of hospital admission for adult psychiatric illness in England: Analysis of Hospital Episode Statistics data. *British Journal of Psychiatry, 185*, 334–341. http://doi.org/10.1192/bjp.185.4.334

[95] Touyz, S., Le Grange, D., Lacey, H., Hay, P., Smith, R., Maguire, S., ... Crosby, R. D. (2013). Treating severe and enduring anorexia nervosa: A randomized controlled trial. *Psychological Medicine, 43*(12), 2501–2511. http://doi.org/10.1017/S0033291713000949

[96] Treasure, J., Claudino, A. M., & Zucker, N. (2010). Eating disorders. *Lancet, 375*(9714), 583–593. https://doi.org/10.1016/S0140-6736(09)61748-7

[97] Troop, N. A., Allan, S., Treasure, J. L., & Katzman, M. (2003). Social comparison and submissive behaviour in eating disorder patients. *Psychology and Psychotherapy, 76*(Pt3), 237–249. http://doi.org/10.1348/147608303322362479

[98] US Department of Agriculture and Department of Health and Human Sciences. (2015). *Dietary guidelines for Americans:* 2015–2020. Retrieved from http://health.gov/dietaryguidelines/2015/

guidelines/

[99] Vall, E., & Wade, T. D. (2015). Predictors of treatment outcome in individuals with eating disorders: A systematic review and meta-analysis. *International Journal of Eating Disorders, 48*(7), 946−971. http://doi.org/10.1002/eat.22411

[100] Ward, A., Ramsay, R., Turnbull, S., Benedettini, M., & Treasure, J. (2000). Attachment patterns in eating disorders: Past in the present. *International Journal of Eating Disorders, 28*(4), 370−376. http://doi.org/10.1002/1098-108X(200012)28:4<370::AID-EAT4>3.0.CO;2-P

[101] Wild, B., Friederich,H.-C., Gross,G., Teufel, M., Herzog,W., Giel, K. E., ... Zipfel, S. (2009). The ANTOP study: Focal psychodynamic psychotherapy, cognitive-behavioural therapy, and treatment-as-usual in outpatients with anorexia nervosa−A randomized controlled trial. *Trials, 10*, 23. https://doi.org/10.1186/1745-6215-10-23

[102] Wild, B., Friederich, H.-C., Zipfel, S., Resmark, G., Giel, K., Teufel, M., ... Herzog, W. (2016). Predictors of outcomes in outpatients with anorexia nervosa: Results from the ANTOP study. *Psychiatry Research, 244*, 45−50. http://doi.org/10.1016/j.psychres.2016.07.002

[103] World Health Organization. (1992). *International statistical classification of diseases and related health problems* (10th rev.). Geneva, Switzerland: Author.

[104] World Health Organization. (2018). *International classification of diseases for mortality and morbidity statistics* (11th ed., stable version for implementation). Geneva, Switzerland: Author. Retrieved from https://icd.who.int/browse11/l-m/en

[105] World Health Organization. (n.d.). *The ICD−10 classification of mental and behavioural disorders: Clinical descriptions and diagnostic guidelines* (pp.138−139). Geneva, Switzerland: World Health Organization. Available from http://www.who.int/classifications/icd/en/bluebook.pdf?ua=1

[106] Wu, M., Brockmeyer, T., Hartmann, M., Skunde, M., Herzog, W., & Friederich, H.-C. (2014). Set-shifting ability across the spectrum of eating disorders and in overweight and obesity: A systematic review and meta-analysis. *Psychological Medicine, 44*(16), 3365−3385. http://doi.org/10.1017/S0033291714000294

[107] Zastrow, A., Kaiser, S., Stippich, C., Walther, S., Herzog, W., Tchanturia, K., ... Friederich, H.-C. (2009). Neural correlates of impaired cognitive-behavioral flexibility in anorexia nervosa. *American Journal of Psychiatry, 166*(5), 608−616. http://doi.org/10.1176/appi.ajp.2008.08050775

[108] Zeeck, A., Hartmann, A., Wild, B., de Zwaan, M., Herpertz, S., Burgmer, M., ... Zipfel, S. (2016). How do patients with anorexia nervosa "process" psychotherapy between sessions? A comparison of cognitive-behavioral and psychodynamic interventions. *Psychotherapy Research*, 1−14. https://

doi.org/10.1080/10503307.2016.1252866
[109] Zipfel, S., Giel, K. E., Bulik, C. M., Hay, P., & Schmidt, U. (2015). Anorexia nervosa: Aetiology, assessment, and treatment. *Lancet Psychiatry, 2*(12), 1099−1111. http://doi.org/10.1016/S2215-0366(15)00356-9
[110] Zipfel, S., Löwe, B., Reas, D. L., Deter, H. C., & Herzog, W. (2000). Long-term prognosis in anorexia nervosa: Lessons from a 21-year follow-up study. *Lancet, 355*(9205), 721−722. https://doi.org/10.1016/S0140-6736(99)05363-5
[111] Zipfel, S., Seibel, M. J., Löwe, B., Beumont, P. J., Kasperk, C., & Herzog, W. (2001). Osteoporosis in eating disorders: A follow-up study of patients with anorexia and bulimia nervosa. *Journal of Clinical Endocrinology & Metabolism, 86*(11), 5227−5233. http://doi.org/10.1210/jcem.86.11.8050
[112] Zipfel, S., Wild, B., Gross, G., Friederich, H.-C., Teufel, M., Schellberg, D., ... Herzog, W. (2014). Focal psychodynamic therapy, cognitive behaviour therapy, and optimised treatment as usual in outpatients with anorexia nervosa (ANTOP study): Randomised controlled trial. *Lancet, 383*(9912), 127−137. https://doi.org/10.1016/S0140-6736(13)61746-8

8. 附录：工具和资源[①]

附录 1 神经性厌食症患者营养指南

亲爱的患者：

通过以下指南，我们希望向你介绍均衡、健康饮食的一般知识，也会描述在长期营养不良和营养不良之后重建营养的具体注意事项。人体在营养吸收过程中，不仅获得能量，还能获得微量营养素，如维生素、矿物质、微量元素、纤维素及植物次生物质，这些对于维持生命是不可或缺的。规律、健康、均衡的饮食可以概括为以下几个问题：我什么时候吃？我吃什么？我吃多少？

我什么时候吃？（建立规律的膳食计划）

使进食行为正常化的第一步是重新引入规律的膳食结构。根据对新陈代谢过程、进食后和饥饿阶段的研究成果，对健康成年人来说，比较有益的做法是两餐之间至少间隔 2 小时，但不应超过 6 或 7 小时。考虑到这点

[①] 本附录影印件仅供购书者个人或临床使用。经允许引自 *Anorexia Nervosa*, by H.–C. Friederich, B. Wild, S. Zipfel, H. Schauenburg, & W. Herzog，版权所有 © 2019 霍格雷费出版社（Hogrefe Publishing）。简体中文翻译版版权所有 © 上海科学技术出版社有限公司。

和食物分量，建议成年人每天进食 3～6 餐。

> **作为一名神经性厌食症患者，这对我来说意味着什么？**
>
> 由于神经性厌食症患者在康复初期一般喜欢少食多餐，所以临床实践中的具体做法是三顿正餐加上两顿点心和一顿附加餐，这已经被证明是最合理的。
>
> **每日 6 餐的正常膳食结构**
>
> 相较于为健康成年人所建议的进食频次与每餐食量，更频繁但每餐食量更少的膳食建议，适用于那些在摄入推荐分量的食物时存在困难或体重增加始终难以实现的神经性厌食症患者。
>
> **如果需要：选择每日 9 餐的固定膳食结构**

我吃什么及吃多少？（营养成分和分量）

有关食物的营养成分和推荐分量的信息，考虑了人们对食物的普遍选择和营养习惯。由于这些建议在世界范围内因各国情况各异而不尽相同，各国协会及部委提出了基于食物的饮食建议。下面详细介绍美国的膳食指南，该指南可以提供一个很好的参考。如有必要，人们也可以根据各国的具体建议进行调整。

美国农业部和卫生与公共服务部（US Department of Agriculture and Department of Health and Human Sciences）在《2015—2020 年美国人膳食指南》（*Dietary Guidelines for Americans 2015-2020*）（USDA & HHS, 2015）中提出了健康饮食的营养指南（包括健康成年人的饮食）。

为了便于解释，下面会设想将各组食物放在一个盘子里，每部分的占比代表建议的分量。每餐中，水果和蔬菜应占盘子的一半，谷物、谷物制品和土豆占盘子的 1/4，其余 1/4 为蛋白质类食物，餐后再摄入一份奶制品（http://www.choosemyplate.gov/）。

这种可视化表述的基础是"美国式健康饮食模式"（Healthy US-Style Eating Patterns），它是美国农业部三种食物模式中的一种，作为范例被转化为各食物类别和具体数量的建议（USDA & HHS, 2015）。由于各食物类别中的食物在能量和营养素密度方面或多或少存在差异，所以引入了杯当量（cup equivalents, c-eq）和盎司当量（ounce equivalents, oz-eq）[①]，使得各种食物在营养含量方面具有可比性。所列数量（针对健康成年人的详细建议）说明了各类别食物应该被摄入的目标分量和频率。

每天应摄入 2.5 杯当量的蔬菜和 2 杯当量的水果。需要注意的是，1 杯当量是指 1 杯生的或煮熟的蔬菜或水果、1 杯蔬菜汁或果汁、2 杯绿叶蔬菜沙拉、0.5 杯干果或脱水蔬菜。这些食物能满足人体对维生素、矿物质、微量元素及纤维素的大部分日常需求。由于这类食物的营养素密度差别很大，所以应该考虑不同的选择，交替选择生的或煮熟的水果和蔬菜。根据蔬菜的不同营养素密度，我们给出了与一周摄入量相关的五类蔬菜的具体建议：深绿色蔬菜 1.5 杯当量/周，红色和橙色蔬菜 5.5 杯当量/周，豆类（豆子和豌豆）1.5 杯当量/周，淀粉类蔬菜 5 杯当量/周，其他蔬菜 4 杯当量/周。

每天应摄入 6 盎司当量的谷物。该类别包括作为单一食品的谷物（如大米、燕麦片和爆米花），以及以谷物为原料的加工食品（如面包、麦片、饼干、意大利面）。谷物可以是全谷物，也可以是精制谷物。由于全谷物和

[①] 译者注："杯当量"是美国饮食指南中常用的单位，用于表示不同食物在营养价值上大致相当的一份体积量，常见于蔬菜、水果、乳品等食物组；"盎司当量"是一个重量单位，用于表示谷物、蛋白质类等食物的标准营养分量，1 常衡盎司约等于 28.35 克。"当量"指的是不同食物在营养摄入上的等效单位，并非单纯的体积或重量换算。

精制谷物食品的营养成分不同，特别是铁和纤维含量不同，建议至少吃一半的全谷物（全谷物 ≥ 3 盎司当量 / 天，精制谷物 ≤ 3 盎司当量 / 天）。1 盎司当量相当于 0.5 杯煮熟的米饭、面条或谷物，1 盎司干意大利面或米饭，1 片中等大小（1 盎司）的面包，1 盎司即食谷物（约 1 杯片状麦片）。

每天摄入 5.5 盎司当量的蛋白质食物。与蔬菜类似，蛋白质食物的摄入量也使用亚组来说明一周的摄入建议。动物蛋白包括海鲜（8 盎司当量 / 周），以及肉类、家禽和蛋类（每 26 盎司当量 / 周）；植物蛋白存在于坚果、种子和豆制品等亚类中（5 盎司当量 / 周）。1 盎司当量的例子是：1 盎司瘦肉、家禽肉或海鲜；1 个鸡蛋；0.25 杯煮熟的豆子或豆腐；1 汤匙花生酱；0.5 盎司坚果或瓜子。

由于豆类的营养成分与含蛋白质的食物和蔬菜相似，为了达到推荐的摄入量，豆类既可以被视为蔬菜，也可以被视为蛋白质食物。青豆和四季豆不属于豆类，因为它们的营养成分与豆类不相似。青豆类似于淀粉类蔬菜，与洋葱、卷心莴苣、芹菜、卷心菜等一起归入蔬菜亚组。

如果不想吃肉或鱼，那么可以将乳制品蛋白质或鸡蛋与植物蛋白质巧妙地结合起来，以满足对蛋白质的需求。例如，这一类受欢迎的食物包括：奶酪全麦面包、奶酪通心粉砂锅、希腊酸奶香草蘸酱煮土豆、牛奶土豆泥、鸡蛋裹土豆、牛奶或酸奶麦片、豆瓣酱配面包或盖饭、小扁豆配面条或米饭。素食者的推荐量为：3 盎司当量 / 周的鸡蛋、6 盎司当量 / 周的豆类（除 1.5 杯当量蔬菜类以外的豆类和豌豆）、8 盎司当量 / 周的豆制品，以及 7 盎司当量 / 周的坚果和瓜子。

在奶类食品中，包括牛奶、酸奶、奶酪及强化大豆饮料（即豆浆），每人每天应摄入 3 杯当量。1 杯当量的例子是：1 杯牛奶、酸奶或强化豆浆；1.5 盎司天然奶酪（如切达奶酪）或 2 盎司加工奶酪。

由于大豆饮料富含钙、维生素 A 和维生素 D，其营养成分不同于其他植物性"乳饮料"（如杏仁露、米浆、椰奶），它们与牛奶非常相似，属于奶制品。

与大多数成年人不同，由于你的体重偏低，所以你应该选择肉类、鱼类和蛋类食品，以及含有天然脂肪的牛奶和奶制品。这与 USDA 推荐的成人健康饮食相反。选择这些非减脂食品或"正常"食品，将有助于你增加所需的体重，帮助你通过正常饮食使体重达到正常范围。

油能提供维持生命所必需的脂肪酸和维生素 E，因此每天应在膳食中添加 5 茶匙的油。

为了在均衡的能量摄入范围内达到建议的营养摄入，食用天然的、未经加工的食品是很重要的。即使在健康饮食中达成了这些推荐量，仍有少量维持体重所需的能量（10%～15%）未包括在上述膳食指南中。USDA 食物模式表明，这些卡路里是"限于其他用途的卡路里"（USDA & HHS, 2015）。因此，在健康饮食方式推荐指南的背景下，我们也建议可以适量食用甜食、咸点心和甜饮料。这类食物本身不会损害健康，也不会被禁止食用。不过，这些副食应被当作一种放纵享受，而非营养来源。鉴于适度食用可被定义为合理"放纵享受"，所以我们建议定期食用该类食物（USDA & HHS, 2015）。

作为一名神经性厌食症患者，这些建议对我来说意味着什么？

上述建议描述了不同食物类别的目标分量和进食频率。由于患有神经性厌食症且存在一些伴随症状，你应该特别注意以下几点：

- 经常摄入谷物制品和土豆，使饥饿-饱腹调节系统正常化。
- 经常摄入高钙食物，如全脂牛奶、奶制品和高钙矿泉水，以强化骨骼。
- 选择含有天然脂肪的肉类、奶和奶制品，以便在食用正常成人分量食物的同时，促进体重增长正常化。

- 通过肉类、鱼类或有效的素食组合，摄入充足的蛋白质（牛奶蛋白和鸡蛋与植物蛋白的组合），以帮助增强肌肉。
- 摄入正常分量的脂肪，最好是植物油，以提供机体所需的脂肪酸和脂溶性维生素。

如果你选择遵循素食计划，那么建议采用"蛋—乳—蔬菜"的组合，这样就可以摄入奶、奶制品和鸡蛋。通过这种膳食计划，一般可以为身体提供所有维持生命的营养素。

长期禁食或使用泻药后的特殊情况

对于 BMI $\geqslant 15 \text{ kg/m}^2$ 的患者，通常可以在不出现并发症的情况下恢复均衡的营养摄入。从医学角度看，不需要特别谨慎地增加营养素的摄入量。但是，长期禁食和滥用泻药会导致肠黏膜发生变化，引起消化不良。基于此，以及出于心理原因的考虑，我们建议患者在最初两周内逐步增加食物摄入量，同时避免食用易引起消化不良的食物。此外，继发性乳糖酶缺乏症（缺乏负责分解乳糖的酶）会导致对牛奶和其他奶制品的不耐受。随着时间的推移，继发性乳糖酶缺乏症会随肠黏膜的恢复而逆转，因而对奶制品的消化能力会增强。

一般建议患者从摄入约 1 500 千卡热量开始，然后逐渐增加摄入量。从长远来看，摄入 1 500 千卡热量，不足以使体重充分增长。要达到每周体重增加 500 克的目标，营养摄入量必须增加到 3 000 千卡热量（这些数字是为了提供一个大致的方向，可能会存在个体差异）。为增加体重而摄入的必要能量，可以在建议的 6～8 餐中以正常分量摄入，并在一天中间隔进食。因此，没有必要摄入高热量饮料，但在某些特殊情况下，医生可能会建议临时饮用高热量饮料。

作为一名神经性厌食症患者，这项建议对我来说意味着什么？

长期禁食或长期滥用泻药后，你应该：
- 保持 6～8 餐的规律饮食结构。
- 吃易消化的食物和乳糖含量低的奶制品。
- 在最初几周逐步增加能量摄入。

下面我们提供两个每日饮食计划的示例，从中可以推算出膳食的营养成分和分量。

示例 1：长期禁食后最初几周的每日饮食计划

时间	进食
上午 8:00 早餐	1 片全麦面包 1 茶匙黄油/人造黄油（80% 脂肪含量） 1 汤匙松软干酪（20% 脂肪含量） 2 茶匙橘子果酱 1 杯果汁
上午 10:00 第 1 顿点心餐	1 份水果酸奶（200 克装，3.5% 脂肪含量） 1 片水果（苹果、梨、香蕉）
中午 12:00 午餐	1 碗甜点沙拉 1 汤匙植物油 1 茶匙醋 1/2 杯米饭（干量） 2 个甜椒 60 克火鸡胸肉 1 勺肉汁/咖喱酱
下午 3:30 第 2 顿点心餐	1 份水果酸奶（200 克装，3.5% 脂肪含量）

时间	进食
晚上 7:00 晚餐	1 片全麦面包 1 茶匙黄油/人造黄油 1 片奶酪（干物质含量为 45%） 2 个番茄
晚上 9:30 第 3 顿点心餐 （睡前点心）	2 块巧克力（约 10 克）
均衡	能量：约 1 500 千卡 碳水化合物：约 206 克（56 E%） 蛋白质：约 54 克（15 E%） 脂肪：约 48 克（29 E%）

注：E% 是占每天能量供应的百分比。

示例 2： 逐步增加营养摄入量之后的每日饮食计划

时间	进食
上午 8:00 早餐	1 片全麦面包 1 茶匙黄油/人造黄油（80% 脂肪含量） 1 汤匙松软干酪（20% 脂肪含量） 2 茶匙果酱 6 汤匙麦片/牛奶什锦麦片 7 液量盎司牛奶（3.5% 脂肪含量） 1 杯果汁
上午 10:00 第 1 顿点心餐	1 片全麦吐司 1 茶匙黄油/人造黄油（80% 脂肪含量） 1 块奶酪或熟肉 1 片水果（苹果、梨、香蕉）

时间	进食
中午 12:00 午餐	1 碗甜点沙拉 1 汤匙植物油 1 茶匙醋 3/4 杯米饭（干量） 2 个甜椒 150 克火鸡胸肉 2 勺肉汁/咖喱酱
下午 3:30 第 2 顿点心餐	1 块松饼蛋糕 1 杯果汁
晚上 7:00 晚餐	2.5 片全麦面包 3 茶匙黄油/人造黄油（80% 脂肪含量） 3 茶匙加新鲜香草的希腊酸奶（40% 脂肪含量） 1 片奶酪（干物质含量为 45%） 2 个番茄 1 杯番茄汁
晚上 9:30 第 3 顿点心餐 （睡前点心）	1 个糖果棒（如牛奶糖果棒） 20 粒软糖（如小熊软糖）
均衡	能量：约 3 000 千卡 碳水化合物：约 406 克（55 E%） 蛋白质：约 110 克（15 E%） 脂肪：约 99 克（29 E%）

注：1 液量盎司约等于 29.57 毫升；E% 是占每天能量供应的百分比。

口味与享受

此外，口味的多样性会对调节饥饿和饱腹感的生化过程产生积极影响。换言之，所有感官知觉都很重要。除了五种不同的基本味觉体验

（甜、咸、酸、苦、鲜）外，触觉感知（稠度、表面质地、温度、辣味）、对食物的视觉和嗅觉感知、咬食物时的听觉感知（如咬苹果、新鲜面包卷或薯片时听到的声音），都会影响我们的食欲。

尽管我们天生都偏爱甜味、厌恶苦味，而且可以从进化的角度来对此进行最好的解释，但这些偏好会在生命过程中发生变化；也就是说，在哪种浓度下味觉感知被体验为是愉悦的（味觉也总是可以被训练的），这是变化的。

为了品尝和享受美食，口味的多样性和合理的时间间隔是必要的。你可以根据前两部分列出的有关各类食物和膳食组成的建议，来实现食物多样化。至于何时进食，重要的是要知道，快速进食和长时间进食都会让人无法意识到自己吃了多少，还可能触发暴食发作。在实践中，我们发现花 10 分钟吃一顿点心餐或小份的宵夜，以及花 30 分钟吃一顿正餐，是有益的。

> **作为一名神经性厌食症患者，这对我来说意味着什么？**
>
> 　　为了品尝和享受美食，我们推荐：
> - 多样化、均衡的饮食。
> - 吃一顿正餐大约花 30 分钟。
> - 吃一顿点心餐或小份的宵夜大约花 10 分钟。

致谢

我们感谢桑德拉·席尔德（Sandra Schild）为本《神经性厌食症患者营养指南》所做的贡献。

附录2　体重曲线

如何使用体重曲线

　　体重曲线帮助患者和治疗师在治疗过程中监测患者的体重。本附录提供了已经填写完成的体重曲线示例和空白的体重曲线。患者应每周在治疗前称重一次。

　　y轴代表体重（单位为磅[①]），x轴代表治疗周次。垂直于y轴的水平实线表示增重2磅，水平虚线表示增重0.5磅；垂直于x轴的竖直实线表示治疗周次（第1~40周）。

　　治疗开始时，患者的体重应标记在y轴上（见*），为不保留小数点后数字的整数，并在x轴上标注为"0"。根据初始体重，在图表上平行于x轴画一条线，来突出显示基线体重（见完成的体重曲线示例）。在示例中，治疗开始时患者的体重为92.5磅，y轴标注为92磅；随后，在垂直于y轴的水平线上（虚线或实线）标记每周的体重数据，精确至0.5磅。

---

① 译者注：1磅＝0.454千克。

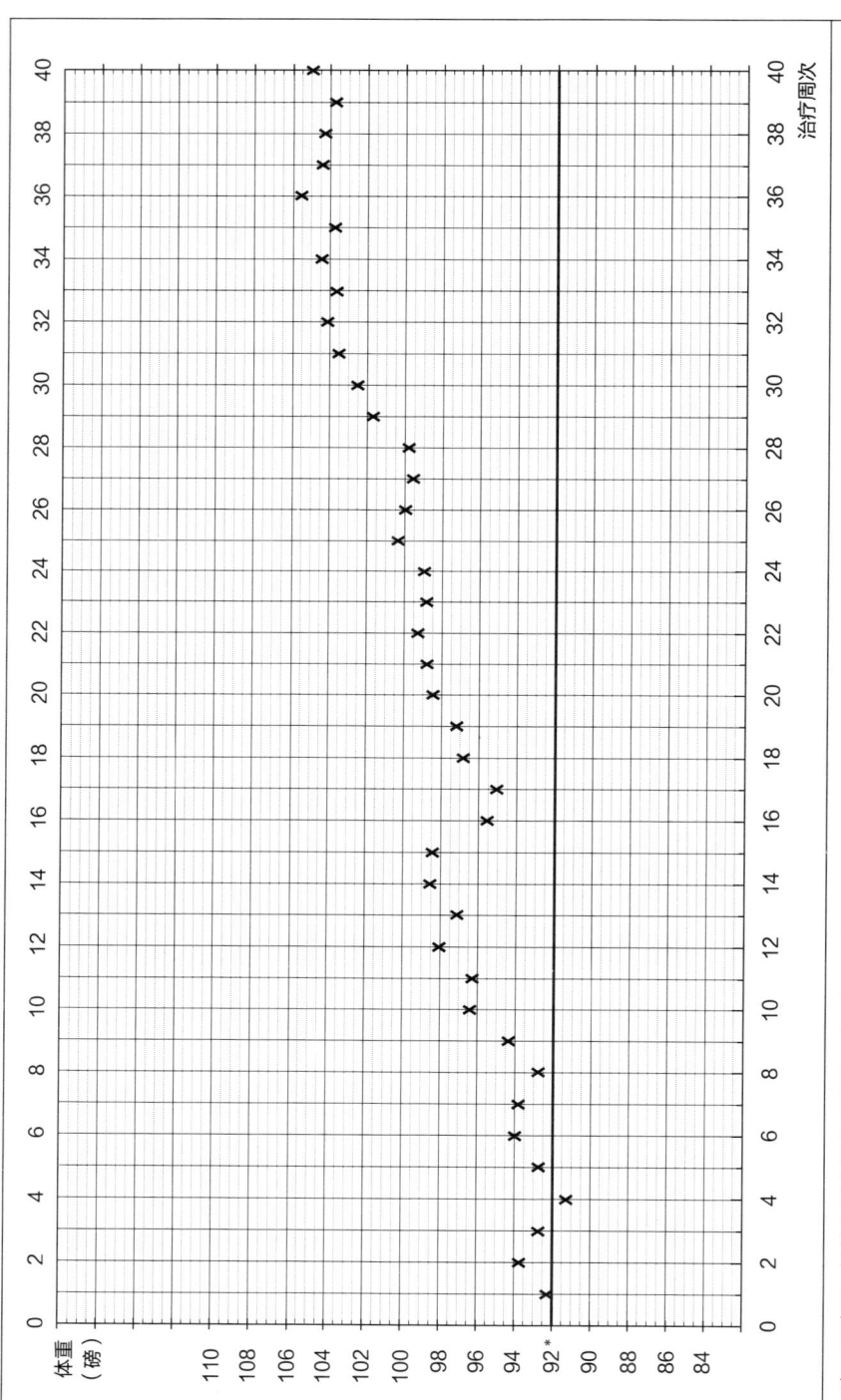

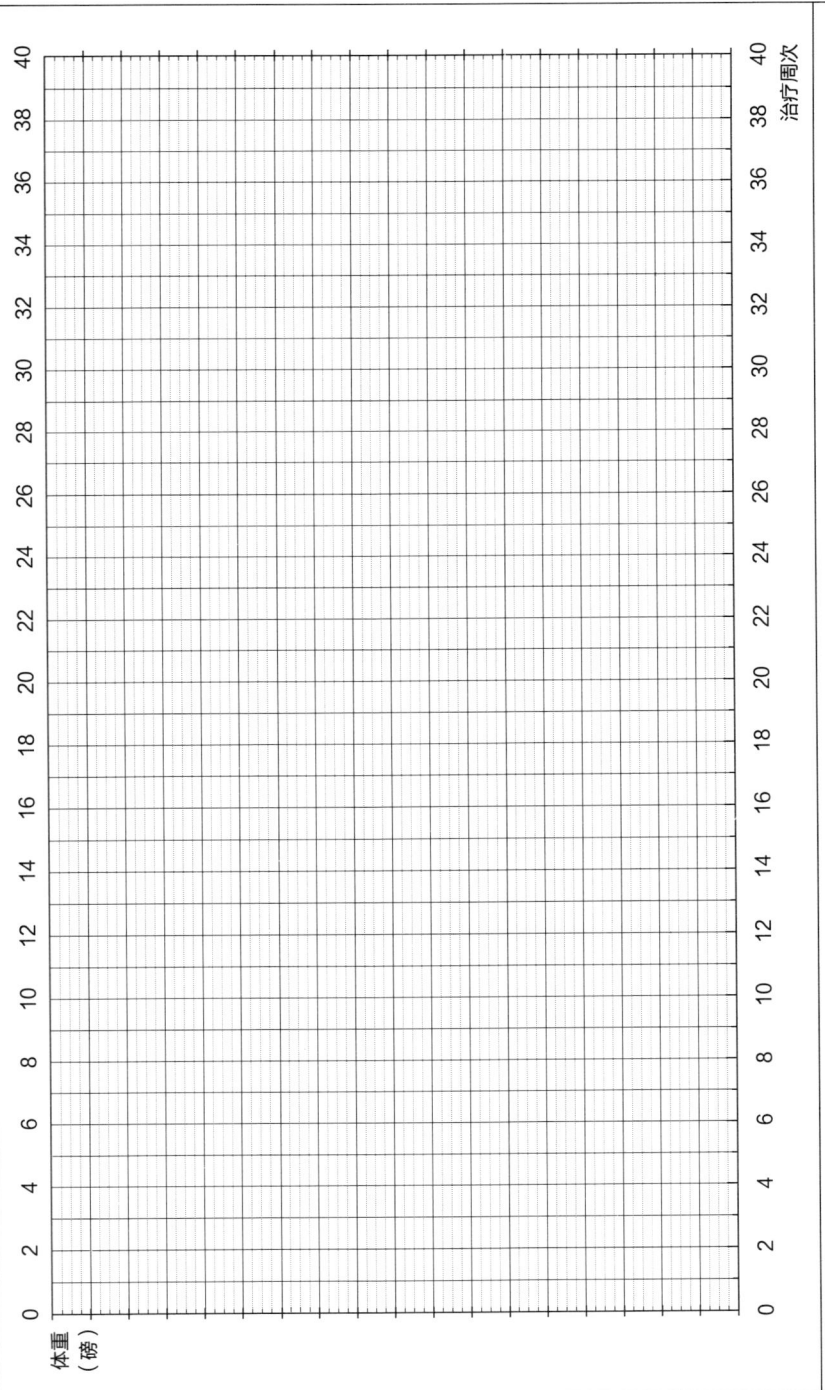